¡Con los tacones bien puestos!

¡Con los tacones bien puestos!

Evlin Pérez Yebaile

www.librosenred.com

Dirección General: Marcelo Perazolo
Diseño de cubierta: M. Lucila Avalle
Ilustración de cubierta: Kalua Partipilo
Diagramación de interiores: Vanesa L. Rivera

Está prohibida la reproducción total o parcial de este libro, su tratamiento informático, la transmisión de cualquier forma o de cualquier medio, ya sea electrónico, mecánico, por fotocopia, registro u otros métodos, sin el permiso previo escrito de los titulares del Copyright.

Primera edición en español - Impresión bajo demanda

© LibrosEnRed, 2014
Una marca registrada de Amertown International S.A.

ISBN: 978-1-62915-082-6

Para encargar más copias de este libro o conocer otros libros de esta colección visite www.librosenred.com

Papi
Para ti, por ti y gracias a ti

Gracias

Papi, mis letras son tuyas y desde el cielo lo vas a disfrutar como siempre quisiste.

A mi mami, Yamillah y Juan Diego por ser mi familia, mi base, mi centro y mi apoyo en todo lo que hago. Los amo hasta la luna y de regreso.

A María Carolina Rodríguez, por creer en mí y ser el motor de este proyecto, Amiga con A mayúscula.

A ti (*ustedes saben quienes son*) por haber pasado por mi vida, por haberme amado o no. Por haberme hecho crecer y crear escritos. Gracias.

A mis amigos y taconer@s, que han compartido conmigo estos años el camino montados en estos tacones conmigo; a ustedes por apoyarme siempre.

Gracias, gracias, gracias.

Prólogo

¡FRESCURA! Sí… esa es la palabra que me vino de inmediato en ejercicio asociativo cuando me dispuse a buscar el término que mejor describiera esta colección de artículos escritos por la muy inteligente y sagaz Evlin.

Luego de leerlos y revisar con ojos de psicólogo cada párrafo, quedé convencido de que se trata de un texto fresco no solo en el sentido de "refrescante" o "liviano", sino también en la acepción de "desenfadado" y hasta "insolente".

En sus reflexiones como mujer moderna y atrevida, Evlin no tiene ningún reparo en pisar algunos callos. Con una precisión adquirida a través de sus abundantes vivencias emocionales, logra dar en el blanco en cada tema que toca sin importarle cuántos esquemas preestablecidos o cuántas creencias instaladas en las mentes femeninas tenga que derrumbar.

¿Que si hay hombres románticos? ¡Desde luego!

¿Que no debes conformarte con las migajas de Gretel? Evlin te lo dice en tu cara.

¿Y qué decirles a las que se resignan a ser amigas del objeto de su deseo? ¡Al carajo con eso!

He ahí una semblanza de la forma directa y contundente con que Evlin te habla desde el teclado de su ordenador.

Debo confesar que durante el proceso de lectura he tenido que detenerme unos momentos a respirar, agradeciendo el magnífico buen humor que se incluye en cada escrito porque, de ser una de las mujeres a quien va dirigida esta obra, me vería obligada a tener alrededor una amplia canasta que me ayudara a recoger cada prejuicio destruido por el certero fuego de la honestidad de la autora.

En el mundo de los temas humanos, y especialmente en los referentes al amor, las parejas, los engaños y desengaños a que nos sometemos a diario, hacía falta un trabajo de esta clase.

Sin darse ínfulas de terapeuta o de gurú dotado de la más grande sabiduría, con la simpleza de la naturalidad y el arte del más refinado teatro, Evlin nos va llevando de una escena a otra, mostrándonos una realidad incuestionable y digna de pensarse una y otra vez.

¡Con los tacones bien puestos! es una obra que nos desafía y que de vez en cuando nos abofetea con un discurso apegado a la más absoluta honestidad, para hacernos recobrar la conciencia perdida en el tráfago cotidiano. Es un espejo que refleja la cara que a veces intentamos esconder hasta de nosotros mismos. Es, en suma, una verdad constante, dividida en breves capítulos.

Me siento muy afortunado por la petición de Evlin para que prologara su trabajo no solo porque agradezco su confianza en mi criterio profesional, sino porque, además, deja en mis manos el ejemplar original al cual he de recurrir una y otra vez para refrescar las ideas que hace años me animaron a incursionar en un terreno tan delicado como es la mente humana.

¿Por qué seguir ocultándolo? ¡Sigo siendo un romántico!

Gracias, querida Evlin, por darme el apoyo que necesitaba para gritarlo. Ojalá muchos hombres más puedan darse el lujo de acompañarme, luego de darse un atracón con este extraordinario banquete al cual también nos has invitado.

Todos salimos ganando.

César Landaeta H.

Por mis tacones

Hace muchos años me presentaron unos zapatos que, al principio, no me gustaban pero me quedaban "bien". No hice caso a esa incomodidad y seguí caminando con ellos. Al poco tiempo me quedaban "incómodos", insoportables. Pero todo el mundo adoraba mis zapatos nuevos porque me decían: "¡Te ves más alta!, ¡te ves más guapa!". Yo me creía esta historia de a ratos, porque cuando me salió la primera ampolla lloré amargamente. Luego vinieron varias ampollas más, no había cura para aliviar el dolor. Así que les ponía brillo, los mandaba a limpiar y volvían a verse "bonitos".

Con el tiempo estos zapatos cedieron, me quedaban holgados, incómodos y me hacían daño, mucho más daño del que jamás habría pensado. Igualmente no podía dejar esos zapatos, hacía lo que fuera para no tirarlos, por costumbre, porque era "lo conocido" y no pensaba que otros zapatos me quedarían mejor.

Cuando decidí dejar para siempre los zapatos que me daban más problemas que alegrías, decidí montarme en unos nuevos: ¡POR MIS TACONES!

Comencé a escribir el blog "Por mis Tacones" sin ninguna pretensión más que hacerle publicidad a uno de mis monólogos "Qué desamor mi amor". Mi sorpresa fue que cada vez mis lectores me demandaban más escribir, así que se fue convirtiendo en un espacio donde yo desahogaba mis pensamientos y experiencias con respecto a mis relaciones y a lo que opino del amor. Nunca pensé que mis escritos llegarían a viajar por el mundo y a llegar a tantos ojos y corazones.

He recibido cartas e e-mails con agradecimientos por mi trabajo desde cualquier parte del mundo. Recuerdo un fin de año en la Plaza Mayor de Madrid; en el grupo con el que estábamos, me presentaron a una chica. Cuando le dije que escribía un blog y le dije el nombre la mujer me abrazó y se puso a llorar diciéndome: "¡Gracias, eres tú!". (Yo por dentro me decía: "¿Soy famosa?"). Una vez estaba en el cumpleaños de una amiga y sucedió lo mismo, salvo que en esta oportunidad otra chica me dijo: "Tú me paraste de una cama luego de una ruptura, estaba muy deprimida, esperaba cada semana para leerte y poderme reír de mí misma, gracias". Estas palabras como la de muchos otros me demostraron que lo que estaba haciendo por mí realmente lo estaba haciendo también para un MONTÓN de gente que no conozco y ahora para ti.

Yo desde pequeña siempre he sido como una especie de "doctora corazón" de mis amigas. Tengo una especie de "visión helicóptero" para ver los problemas sentimentales de los demás. Más allá de eso, este blog me ayuda a salir de mis propios problemas con mis ex, me enseña a mirar hacia adentro y comenzar a tener una relación más cercana y paciente con mi persona.

Por mis tacones me ayudó a cambiar el chip hacia el humor y el amor propio.

En este camino me he encontrado con gente maravillosa, he vivido experiencias espectaculares, he aprendido a hacerme responsable y a entender que mi experiencia contada desde el amor con alegría ayuda a mis seguidores, los anima y los llena de esperanza.

Espero que de ahora en adelante tod@s caminemos ¡con los tacones bien puestos!

¡¡¡Quiéreme tal como soy!!!

No soy perfecta. Nadie lo es. Me sobran unos kilos, soy sensiblemente llorona, cuando va a llover me duelen las rodillas, soy egocéntrica y miope. Conozco bien mis defectos, porque sé que los tengo y allí comienza el meollo de este asunto. **¡Hay gustos para todos!** versa el dicho que algún optimista que no creía en los cánones de belleza, se inventó para él mismo. Estos cánones se han impuesto socialmente y afecta a las mujeres más de lo que somos capaces de aceptar. Portadas de revista, anuncios de la tele, vallas gigantes nos muestran a la "mujer ideal de este tiempo": anoréxica y con mucho dinero, para poder vestir de manera tal, lucir de cual, tener el pelo equis, las tetas de 300 cc o el calzado ese... ¡¡POR DIOS, QUÉ PENITENCIA VIVIR ASÍ! Plegados a un sistema que pareciera que **no nos acepta tal y como somos** (o sea, sin Photoshop).

Seguramente este tema nos viene de la infancia. Hace unos días vi a un niño decirle a una nena (muy linda) "niña fea" en plena calle. Si la niña se lo tomó como una verdad, va a necesitar psicoterapia en el futuro. Cuando yo era chiquita y bailaba, me mandaron a la última fila por "gordita" y eso que era talentosa y bailaba muy bien. Me hicieron creer tanto que era gorda que comencé a comer de verdad para que mi creencia tuviera la razón.

Las mujeres nos hemos metido en la cabeza que tenemos que estar en una eterna lucha con el aspecto físico, olvidando lo que llevamos dentro: la personalidad, el buen humor, la inteligencia. Además se nos ha enseñado que a los hombres **"todo les entra por los ojos"** y que lo demás, al principio, es secundario *(que tampoco es tan mentira)*. Terminamos por creer que si no somos flacas, altas, de pelo liso, guapas, bien vestidas y jovencitas **no tenemos derecho a que alguien nos mire y nos ame**. ¿EN QUÉ MOMENTO COMENZAMOS A CREERNOS QUE ESTO ERA UNA VERDAD COMO UN TEMPLO? Pues no creo que eso sea tan cierto porque conozco a muchas mujeres con las características de **"mujer ideal de este tiempo"** que sufren de eterna soledad y creo que sufren más que una "normalita" del montón. Una vez, una querida amiga mía, que es una BOMBA y está buenísima, me decía que ella nunca sabía cuando un hombre se le acercaba por su físico o por lo que ella realmente es, y aún está sola.

Y no contentos con machacar sobre el aspecto físico, pareciera que después de los 30 la sociedad te hace sentir como una anciana en declive. Un día escuché a un chico decir *(y no es al primero que se lo escucho)* **"Yo nunca estaría con una VIEJA de 40"**... Me salieron tres nuevas arrugas de la sensación "arrrrrchhh &$%/···&&" que me produjo. Luego reflexioné: ¿estoy apenas a dos años de llegar a la CUARENTENA AMOROSA? Como si cumplir años fuera una enfermedad... ¡¡¡infectocontagiosa!!!!

Hay que dar oportunidades a la gente, más allá de su fachada externa porque la fachada pasa con el tiempo. Y lo digo también por nosotras, que somos unas exigentes y **descartamos a todo aquel que no "cumple" con nuestros cánones mentales** y por la lista de la compra que le hacemos a la vida. Como un ejemplo, les cuento que mi último novio era muy guapo, alto, de cabello negro, ojos azules como el cielo y súper arreglado...

y un maltratador psicológico en toda regla, que me dejó en la más absoluta de las miserias emocionales. Entonces, **¿para qué sirve la fachada?**

Intentemos mirar más allá de lo que está a primera vista porque es absolutamente delicioso hurgar en la personalidad de la gente. Además, llega un momento en la vida en que comienzas a pasar de tus prototipos y comienzas a buscar "otras cosas" que realmente la llenen.

Te invito a hacer una lista de las cosas que no te gustan de ti, o que te han hecho creer que no gustan, para que te propongas cambiarlas si es que te molestan realmente. Eso sí, **ese cambio es sólo para ti**, no es para que te miren más, ni para que te amen, son SOLO PARA QUE TE SIENTAS MEJOR CONTIGO. **Comienza a amar HOY lo que crees que no está demasiado bien en ti, porque al aceptarte tú primero, aflorará de ti una belleza única sin patrones ni copias.** Esa belleza que nace de la aceptación, y al aceptarte y enamorarte de ti, no tengas la menor duda de que los demás ¡comenzarán a amarte tal y como eres!

¿Tus migajas? ¡Ni que yo fuera Gretel!

"Solo tengo 5 minutos para hablarte" *(una migaja)*.

"Ahora no tengo tiempo para verte, cariño" *(otra migaja)*.

"Un día de estos te llamo, corazón" *(otra migaja)*.

"¿Quién te dijo que puedo verte hoy, mi amor?" *(otra migaja)*.

"Tu vida no me importa, escúchame a mí, cielo" *(otra migaja)*.

"Sí, habíamos quedado, pero me surgió algo más importante, mi sol" *(otra)*.

Y otra y otra y otra... migajas que "supuestamente" van trazando un "CAMINO A CASA" (donde nos sentimos "cómodos") cuando lo que van trazando es un laberinto que marea, confunde y que no te lleva a ninguna parte.

¿Cuántas veces hemos sido testigos de frases como esas en nuestra propia vida y no hemos hecho nada? No damos un portazo, no decimos "adiós", no decimos ni siquiera que nos molesta. Solo esperamos a que ese "ser" aparezca cuando "pueda" tener "tiempo" para nosotras.

Muchas veces nos atrevemos a vivir experiencias con hombres o mujeres que, en apariencia, se hacen ver **a sí mismos** como "la casita de chocolate", como la de la historia de Hansel y Gretel, esa casita que se come cuando se tiene hambre, que sube la serotonina momentáneamente y que es golosamente excitante. Son hombres y mujeres que solo comparten sus migajas contigo, hombres y mujeres a los que no les interesa lo suficiente como para querer compartir "de verdad" su tiempo. Tal vez aceptamos las migajas del cortejo, la de la palabra bonita, la del sexo por sexo, la de la llamadita para pasarnos la manito y que nos quedemos quietos un tiempo sin quejarnos… y nosotros, creyéndonos que, de migaja en migaja, vamos uniendo los pedacitos hasta completar el PAN que nos queremos comer completo… Pero así no es como funciona.

Esos micros de ilusión nos descargan, nos agotan y nos cansan. Esas minihistorias funcionan como el ilusionismo puro y duro… y tú lo sabes, desde el principio lo sabes, pero el "chocolate" **es adictivo** y caes, una y otra vez (y solo tú tienes la potestad de ponerle el freno a la adicción).

Hace un tiempo, mi hermana me mandó este pensamiento (busqué por todos lados su autor pero no lo encontré):

> Hoy aprendí que quien no te busca no te extraña y que quien no te extraña no te quiere. Que el destino determina quién entra en tu vida, pero que tú decides quién se queda. Que la verdad duele una sola vez y la mentira cada vez que la recordamos. Que hay tres cosas en la vida que se van y no regresan: las palabras, el tiempo y las oportunidades. **Por eso, valora a quien te valora y no trates como prioridad a quien te trata como opción.**

Tiempo atrás conversaba con una amiga que me dijo que se podía de vez en cuando vivir experiencias como esas siempre y cuando no te afectaran directamente. Si sabes que esa es la situación, puedes aceptarla maduramente y vivirla sin complicaciones, pero cuando te comienza a doler el estómago con cada desplante, hay que actuar. Eso es fácil decirlo, ponerlo en práctica es más complicado y más cuando estás inmersa en ese tipo de situación. Creo que el remedio para evitar las "propinas del otro" es **OCUPARSE DE UNO MISMO**. Quiérete como quieres que te quieran. ¿Quieres besos? Bésate tú. ¿Quieres cariño? Abrázate tú. ¿Quieres amor? Regálatelo tú. ¿Quieres tiempo? Pasa tiempo contigo (eso también me lo dijo mi amiga sabia).

¡Es mágico! cuando comienzas a ocuparte de ti misma, no aceptas las migajas, aceptas invitaciones a cenas completas, con velitas y postre de chocolate. Yo lo estoy poniendo en práctica y los "benefactores" se alejan solos de mi vida. ¿Comenzamos hoy?

Agarra la sartén por el mango y ¡espabila, mijita!

¿No están agotadas de escucharse decir frases como estas?:

"No me llamó y me prometió que lo haría".

"Ni siquiera ha respondido al mensaje que le mandé hace 2 días".

"Llevamos años viviendo juntos y aún estoy esperando que me hable de matrimonio".

"El otro día volvió a levantarme la voz".

"No sé qué quiere conmigo, llevamos meses en un tira y encoge, y no concreta nada".

"Nos acostamos y desapareció... otra vez".

Si ustedes no están cansadas de escucharlas, yo sí.

¿Hasta cuándo nos vamos a hacer las víctimas, dando lástima por las esquinas, quejándonos de nuestro propio destino y además echándoles la culpa de todo a ellos? ¡**ESPABILA, MIJITA**! Porque la responsabilidad de lo que te pasa **es tuya**. Para que no te suene a "regaño de maestra" (que no lo soy en lo más mínimo) te voy a dar la mejor noticia que hayas podido escuchar (sonido de redoblantes, por favor): LAS REGLAS LAS PONES ¡TODAS! TÚ.

Decidimos cuándo nos dan el primer beso, cuándo nos ponen la manito muerta y cuándo nos llevamos a alguien a la cama. Somos nosotras las que debemos dar las pistas lo suficientemente claras para que nos entiendan y cumplan nuestros deseos. Un hombre que ama hace lo que sea por hacerte feliz y seguirá al pie de la letra tus reglas. **"Si nos decís lo que queréis y lo que no queréis, hacemos lo que esté en nuestras manos para estar a la altura de vuestras expectativas, sobre todo si estamos interesados en establecer una relación"**, nos dice Steve Harvey en su libro *Código Sexcreto*.

Una cosa es agarrar la sartén por el mango para plantárselo por la cabeza (que a veces provoca) a alguien que no se comporta como nosotras esperamos, y otra cosa muy distinta es agarrar la sartén para cocinarlo "a fuego lento", y con cariño e inteligencia, como hacían nuestras abuelas, decirle lo que no te gusta con sinceridad (eso sí, el miedo y la autoestima baja me lo pones a un lado de la puerta de la cocina).

Hay que sincerarnos sin temor, expresar lo que nos hace felices y lo que no. Hace unos años, no quise ver lo que me estaba pasando a mí. Dejé pasar muchas cosas que no me gustaban por miedo a que él me dejara, por miedo a quedarme sola nuevamente. Y la que terminó con la sartén en la cabeza fui yo. Es preferible dar un portazo cariñoso a tiempo, hablar sinceramente y ser muy claras en lo que esperamos de una persona, porque así logramos saber qué nos espera con ese ser con el que pasamos nuestro tiempo... Y el tiempo vale oro y no lo tenemos para perderlo en juegos sin sentido.

Una vez que decidas cuáles son tus reglas, sobre todo al principio, no dudes en ponerlas en práctica. Si te gusta que te llame, que este pendiente de ti, que te lleve de paseo, que tenga detalles, que te trate con cariño y como una dama... **DILO**. Y espera a ver qué pasa, dale tiempo de adaptación al cambio, y espera. Te aseguro que si ese hombre está realmente interesado en tener una relación duradera contigo las va a cumplir. Tengo una amiga con un pie en el altar por poner sus reglas claras en su momento, es decir ¡SÍ FUNCIONA!

Así que tómate tu tiempo para aclarar contigo misma la relación que deseas tener y cómo quieres que te traten, y así dar pasos firmes y sin miedo hacia tu libertad emocional. Luego hazlo saber con tranquilidad (prohibida la frase "TENEMOS QUE HABLAR", por favor, ¡que huyen!). ¿Qué es lo peor que te puede pasar? ¿Que no le interesen tus peticiones y te deje? En ese caso, ¡que se vaya a freír espárragos en la sartén de otra!

¡QUÉ OVARIOS TENGO!

Dos. Uno al final de cada trompa. Desde que tengo 15 años han estado en guerra conmigo. Se pusieron poliquísticos, no ovulaban, se enquistaban. Los ovarios son los culpables de que cada mes, cuando viene "la visita", más de una mujer piense… ¡¡COOOOÑÑÑÑ…: un hijo menos!!

Mis ovarios danzan al compás de las agujas de un reloj cuyo tictac-tictac es capaz de enloquecer a cualquiera y es el tan temido "**reloj biológico**". ¿A QUIÉN SE LE OCURRE PONERLE ESE NOMBRE? Ese como que no sabía el estrés que supone estar mirando el reloj mientras esperas a alguien o lo molesto que es el tictac de un reloj de pared cuando intentas dormir… o lo desesperante que son ¡los últimos minutos antes de salir del trabajo!

El reloj biológico no tiene edad de activación, pero cuando lo hace babeas ante cualquier bebé que te pasa por delante, miras mujeres en "estado de buena esperanza" en cada esquina y todas tus amigas comienzan a tener hijos ¡¡¡a la vez!!! ¿Y TÚ? CUCÚ CUCÚ, como parajito de reloj suizo.

Otras le temen tanto que al escuchar el tictac se escurren muertas de miedo, peor que el capitán Garfio de *Peter Pan*. Comienzan a hacer horas extras en el trabajo, son las defensoras número 1 de la soltería y el sexo ocasional lo resuelven con el "amigo a pilas".

Casi todas las mujeres tenemos instinto maternal, unas más que otras y eso es natural y absolutamente dentro de la norma. Pero a mí lo que me molesta mucho es que cuando te has pasado de la edad "normal" para tener hijos, se cree que estás desesperada por tenerlos y que tu reloj biológico se parece más o menos al BIG BEN. En mi caso, al menos, mi reloj biológico es más parecido a un reloj de arena: lento y paciente.

He escuchado cosas como esta:

"Es que el reloj biológico la tiene como loca".

"¿Tienes niños? ¿¿NOOOOOO??? ¿¿A tu edad??? Se te está pasando el tiempo ¿no te parece?".

"Yo aún no quiero tener hijos y... es que ella ya tiene más de 30 y... sabes, por lo del reloj".

"Claro, como tienes 38, ya deberías empezar a pensar en tenerlos ¿no?".

"¿No te has planteado tener un niño sola ya que no consigues a nadie?".

Yo tengo una tía que un día de la madre, estando en familia reunidos, me dijo a viva voz: **"¡Ten por lo menos un hijo!"**. Como si eso fuera tan fácil como comprarse un perro o cuidar una planta... ¡¡¡CARAMBA, QUE ESTRÉS!! Ya sabemos que después de una edad hay riesgo en procrear... en eso estamos más que claras y **no necesitamos que nos lo recuerden**. Gracias.

Existen interesantes exámenes para saber la cantidad de ovarios que te quedan fértiles y es el Plan *Ahead* (Planear el futuro), que funciona midiendo el número de óvulos que te quedan y que también puede predecir el nivel de fertilidad que tendrás en dos años. Interesante esto porque siempre existirán los vientres de alquiler (aunque sean carísimos).

Yo, a pesar de mi edad, quiero tener hijos y gemelos (seguramente los adopte). Si Dios me los regala, los recibiré con todo el amor que pueda dar. Pero mientras ese momento no llega, no voy a andar por ahí como el conejito de *Alicia en el país de las maravillas*, estresada por ser madre. El estrés que genera el famoso relojito puede hacernos caer en lo primero que se te presente **"porque se acaba el tiempo"**, y así tener un matrimonio infeliz... pero con hijos.

Del apuro solo queda el cansancio y los hijos son una responsabilidad muy grande, lo veo en mi hermana y en mis amigas que son madres. Y como siempre digo: "el tiempo de Dios es perfecto" y si te va a tocar ser mamá, más tarde o más temprano llegará... así que deja de ver la hora y VIVE.

La dama sin vagabundo

"¡**Ya no hay caballeros!**" Esta expresión llevo escuchándola por años y me he interesado mucho en saber el motivo por el que esta frase se repite en las conversaciones entre amigas con más frecuencia de la que me gustaría.

La semana pasada estaba con unos amigos cenando y se nos acercó uno de esos señores que venden rosas a las parejas por las calles de Madrid. Yo, como siempre, lancé mi frase-muro: "Aquí nadie está enamorado" para que el vendedor se fuera. Luego de eso, mis amigos comenzaron a hablar del tema de regalar rosas compradas en la calle: uno se preguntaba que si era de mal gusto, otro dijo que después nosotras no sabríamos que hacer con ellas, que estorbarían y blablabla... La verdad es que en mi interior quería gritar a todo pulmón y con los brazos abiertos: "¡¡¡**PUES A MÍ SÍ ME GUSTA QUE ME REGALEN ROSAS EN MEDIO DE LA CALLE... ME PARECE HASTA ROMÁNTICO!!!**". Pero, por dármelas de sofisticada, me quedé calladita (porque así estoy más bonita)... ¡DESPUÉS NOS QUEJAMOS DE QUE NO HAY HOMBRES ROMÁNTICOS! Esto es lo que creo que nos pasa a todas las mujeres que vamos por la vida haciéndonos las duras, las puedolotodo, las anti-rosado: reflejamos la gran muralla china impenetrable de la mujer fuerte y sin necesidades, ni siquiera necesidades románticas, y los hombres, claro, actúan en consecuencia.

Supongo que en el mundo real, en el que nos ha tocado vivir, somos mujeres diferentes a las de antaño. Muchas por crianza, por imitación o por no ser menos que nadie, vamos luchando y obteniendo miles de logros para ser autosuficientes, *independientísimas* y súper fuertes. Y les juro que ganar dinero o ser excelentes ejecutivas no nos quita mérito, ¡¡¡eso es maravilloso!!!, pero lo que gritas al mundo del inconsciente masculino es "¡Yo no necesito a nadie!". A veces no solo lo reflejas, sino que lo vas diciendo toda altiva, orgullosa de tu lucha, cuando en el fondo lo que quieres es alguien que te abrace cada noche.

Las cosas comienzan a cambiar con respecto a los hombres cuando entendemos que lo que creemos de los hombres y lo que realmente son, son dos conceptos distintos. He comprendido, a fuerza de experiencia, que los hombres **son proveedores**, y es una de las maneras en la que demuestran su amor y, si no los dejamos, se van a otra parte donde puedan proveer. Así de simple.

Steve Harvey, en su libro *Código Sexcreto*, dice lo siguiente: "Agradecemos cuando las mujeres nos tratan como hombres, cuando nos dejan saber que nos necesitan". No es que te vas a convertir en una "eunuca mental" o débil, no. Se trata volver a ser DAMAS. Eso se nos ha olvidado a muchas independientes súper-mujeres. Una dama espera a que ese caballero le abra la puerta del automóvil y te juro que él estará encantado de hacerlo, si lo dejas. Una dama se deja ayudar porque ellos están dispuestos a hacerlo. Una dama deja que la inviten a cenar, una dama deja que la cortejen, que la busquen no solo por sexo. Una dama no carga cajas pesadas, ni televisores, ni neveras, ni arregla calentadores de agua (aunque puedas hacerlo: sé princesa y déjalo trabajar) y, si le ofrecen ayuda, simplemente dice gracias" (mientras pestañea y sonríe).

¿Y saben qué es lo peor, amigas? Que **SÍ HAY CABALLEROS, SÍ HAY HOMBRES DISPUESTOS, SÍ HAY HOMBRES ROMÁNTICOS**, pero nos A-BU-RREN, tal vez porque no sabemos lidiar con eso, porque hemos estado tanto tiempo solas y porque estamos tan acostumbradas a cambiar "el rol" que se nos olvidó nuestra verdadera esencia.

Así que las invito a dejarse consentir, dejarse ayudar, dejarse invitar, dejarse cortejar. **No le tengan miedo a parecer débiles**, solo le están dando a ese hombre la oportunidad de comportarse como tal y hacer lo que su chip interno tiene programado en su cerebro (no están haciendo nada extraordinario).

Les aseguro que muchos hombres se sentirán halagados por este cambio de actitud. Si pudiéramos dejarlos actuar como lo que son, aflorarían hombres nuevos. Es importante que sepan lo que queremos, que no nos quedemos calladas ante los detalles, las flores o las necesidades que tengamos. No son adivinos, mijitas, y leer la mente compleja de una mujer es una tarea difícil. Ellos son simples y básicos. Si le gusta ayudar y proveer ¡¡¡DÉJALO QUE LO HAGA!!! Y **TÚ RELÁJATE Y COOPERA**, que por eso no dejarás de ser una independiente, ejecutiva y maravillosa mujer de hoy.

El arte de ¡desaparecer!

¡Damas y caballeros! En la función de esta noche tendremos a la mejor escapista de todos los tiempos... Con ustedes (*suenan los redoblantes*): ¡¡¡UNA MUJER INTELIGENTE!!!

Después de muchos años de sufrimiento, estrés, esperas ante un teléfono, mails o chat, estoy aprendiendo a "desaparecer". A esto es a lo que yo le llamo "la estrategia del silencio". Hay una cosa que he detectado en todos estos años y es que la mayoría de los hombres no soportan una mujer "**100% disponible**", "**100% dispuesta**" y "**100% libro abierto y sin secretos**". ¡¡¡ESO ACABA CON LA MAGIA!!!

Tanto si estás en pareja como si estás coqueteando con alguien, el hacer nuestro acto de escapismo de vez en cuando le da un aire de misterio a la relación que la hace interesante.

Yo llegué a tener unos extremos de "pegoste" que tenía un novio que me llamaba, "cariñosamente", "mi garrapatica", estaba TAN dispuesta que lo aburría. Me daba taquicardias a punto de infarto si no me llamaba a la hora que decía, terminaba llamándolo yo primero. Era tan insoportable mi necesidad de ser su centro de atención que me tenía que poner en modo "regalo" y, por lo tanto, estar tan disponible que, cuando me quitaba el lazo y leía la tarjeta, ya no había sorpresa, ni deseo, ni pasión, ni nada. En pocas palabras, lo que me salía por los poros era **DESESPERACIÓN Y AGOBIO** (y eso sí que hace que un hombre desaparezca y salga corriendo).

Cuando te enteras de que tienes **vida propia**, dejas de ser "la muñequita de feria" de tu pareja de turno y aprendes a jugar al yoyó: das y quitas, quitas y das. Deja que el teléfono repique varias veces de vez en cuando, no lo atiendas inmediatamente si estás ocupada. No tienes que responder sus mensajes de WhatsApp al instante (que vea que estás en línea)... en pocas palabras, lo bueno se hace esperar ¿no te parece?

No dejes de hacer cosas que quieres hacer si él no puede acompañarte. **Tómate tiempo para ti.** Tampoco tienes que contarle TOOODO: una buena dosis de misterio pareciera que les alborota la testosterona. Recuerda que ellos son cazadores, de objetivos fijos, y no creo que a un cazador le guste tener a la presa tan a tiro diciéndole "Aquí estoy, ¡yujuuuu, cazador! ¡Mátame, anda, ven y mátame por favor!".

Ellos también desaparecen. Preguntaba a uno de mis buenos amigos sobre si ellos desaparecen cuando una mujer está demasiado disponible y me sorprendió con un "no" ROTUNDO: **desaparecen ante la DESESPERACIÓN.**

El otro día, conversaba con unas amigas y una de ellas nos contaba sobre su rollo de turno, quien después de usar su "varita mágica", había desaparecido. El tipo estaba fuera de combate hacía varios días: no la llamaba ni nada. Uno de los chicos que estaba con nosotras colaboró en la conversación con esta frase: "Pero puede ser que él esté complicado o esté pensando qué es lo que siente por ti". Y salí yo, acostumbrada a exaltarme por este tipo de respuestas: **"No, amiga mía, ¡¡¡ÉL NO ESTÁ INTERESADO EN TI!!! Si lo estuviera, ya habría aparecido".**

Me equivoqué, lo confieso. No se puede ser tan tajante. Y eso me lo hizo ver un amigo que es *coach* de parejas, a quien le pregunté sobre este tema. Él le dio la razón a mi amigo y no porque fuera hombre, sino porque tiene experiencia en el tema. Algunas veces, los hombres desaparecen porque ciertamente también se confunden, sienten y sufren las mismas cosas que nosotras... (¿LEÍSTE BIEN?).

Mi conclusión ante esto fue **no juzgar**. Hombres y mujeres jugamos un mismo juego, que puede ser tan divertido o frustrante como decidas. Por eso, chicas, si él desaparece, cuando vuelva no lo regañes por su ausencia, escucha inteligentemente lo que tiene que decirte, él también necesita tiempo para asumir ciertas cosas, y expón tu punto de vista desde la tranquilidad. Y entiendan de una vez que el parecer **desesperadas** es lo mejor que hay para que te metan en la caja mágica y te manden a otra dimensión para siempre.

SÍ... PERO NO: LA AMBIGÜEDAD MASCULINA TAMBIÉN EXISTE

Llevaba tiempo saliendo con alguien y una noche le pregunté a mi interlocutor (por decirlo así): "¿Te quedas esta noche en casa?". Y su respuesta fue: "Quisiera hacerlo, cariño, pero no estoy preparado. No... estoy... preparado". ¿NO ESTOY PREPARADO? ¿Será que no le combina la ropa interior? ¿Será que no se depiló? ¿Dejó el liguero? ¿QUÉ CLASE DE RESPUESTA MASCULINA ES ESA? Demasiado incomprensible hasta para mi retorcido cerebro femenino.

El fin de semana conversaba con mis amigas (en plan *Sex and the City*) y el tema sobre la mesa fue "**las frases ambiguas o excusas** que suelen decirnos los hombres **cuando no quieren NADA con nosotras**". Y yo me puse a pensar si esas "excusas dulces", en lugar de ayudar, empeoran las cosas porque las mujeres (no todas pero en su mayoría) entendemos lo que nos conviene y no aceptamos un NO por respuesta.

Son ese tipo de frases que nos "agridulzan" los oídos. Nos dicen que SÍ nos quieren y que NO nos quieren en la misma frase y, al escucharla, nosotras podemos entender, comprender o asimilar lo que nos dé la gana. **¿Para qué nos enloquecen, SEÑORES?** Este efecto puede ser contraproducente y suele ser el contrario al que deseaba el emisor, ya que el mensaje, al entrar por la oreja de la receptora, puede interpretarse de un modo distinto al previsto... y eso ya es grave...gravísimo.

Estando en mi trabajo, repartí unas hojas en las que preguntaba a mis compañeras: "¿Qué frase ha utilizado un ex para dejarte?". Sinceramente, me sorprendí de la cantidad de frases que recibí. Agradezco a mis amigas por colaborar con el experimento. De mi experiencia y el montón de frases que tenía, escogí las seis que más se repitieron. He aquí mi modesto análisis:

Frase 1: **"NO ERES TÚ, SOY YO"**. Esta afirmación solo lo culpa a él del fracaso de la relación, lo que nos puede dejar con el EGO severamente ALTO y podemos pensar: "El volverá, yo soy perfecta". Te recomiendo un sudoku o un solitario mientras lo esperas.

Frase 2: **"NO ES QUE NO TE QUIERA... PERO ES QUE ESTOY CONFUNDIDO"** (quedó clarito...). Si pretendes quedarte a filosofar sobre sus sentimientos, te vas a quedar como Confucio (el inventor de la confusión, según Miss Panamá). Mejor que tengas claro lo que tú quieres y a él regálale una brújula para que se ubique.

Frase 3: **"EL SEXO ES BUENO, PERO ENTIÉNDELO... TE QUIERO COMO UNA AMIGA"**. Si esta frase se dice antes del coito, pues ya es responsabilidad tuya si lo aceptas maduramente y te acuestas con tu amigo y YA. Pero si te la dicen después de hacer el amor (a mí me la dijeron pero venía con guinda) cambia la palabra *amiga por hermana y verás lo que se siente (no comments).*

En algunos casos, mentes femeninas patológicas apoyan sus esperanzas amorosas con el "amigo" basándose en refranes populares (como si fueran una ciencia exacta), por ejemplo: "Amigo el ratón del queso" (y se lo come) o "De la amistad al amor hay solo un paso". Si este es tu caso, te recomiendo que te aprendas **la canción de Roberto Carlos** para que tengas *un millón de posibilidades* de encontrar pareja…

Frase 4: "ME GUSTAS, PERO EN ESTE MOMENTO NO ESTOY PREPARADO PARA UNA RELACIÓN". ¿Y entonces pa' cuando vas a estar listo, mijito? ¿Un mes?... ¿Un año?... ¿Diez años? Amiga de mi alma, te informo que cuando un hombre está interesado de verdad por una mujer mueve cielo y tierra, es como un *boy scout*: ¡ESTÁ SIEMPRE LISTO! Déjalo en el árbol, que madure, y tú no pierdas el tiempo con alguien que no está preparado o no sabe lo que quiere. SI tú estás preparada, busca uno que esté a tu altura.

Frase 5: "ERES DEMASIADO BUENA PARA MÍ, MERECES ALGUIEN MEJOR QUE YO". ¡¡¡Canonízame, puessssss!! Préndeme una velita… vuélveme a hacer virgen, que ya existen operaciones para eso. Lo siento, pero nadie es demasiado bueno ni malo. Este señor tiene problemas de autoestima, así que si no quieres estar el resto de su vida siendo solo su *coach* emocional, olvídalo.

Frase 6: "SÍ QUIERO ESTAR CONTIGO, PERO VAMOS A DARNOS UN TIEMPO, NECESITO PENSAR". No hay tiempo. La vida es HOY, 24 horas y ya. El tiempo es tuyo y es muy valioso. Te aconsejo que si tienes habilidades para las artes plásticas hagas un vaciado en yeso del tipo, pongas en la posición de *El pensador* de Rodin y lo dejes en un museo el tiempo que le dé la gana.

¡¡¡Después dicen que nosotras somos las ambiguas!!! y eso que solo me dio por analizar algunos ejemplos… La pregunta que me hago ahora es: *¿No es mejor ser más sinceros?* ¿Les cuesta mucho dejarnos claramente? ¿Acaso siempre prefieren dejar la puerta "entreabierta", por-si-acaso?

Sepan que, aunque nos duela, es preferible un "no te quiero más", "ya no me gustas", "no tengo suficiente interés en ti", "ya no te amo"... esa es la sinceridad que nos abre los ojos y no nos crea expectativas falsas para ponernos a esperar algo de ustedes. Yo, créanme, conozco hombres así de sinceros. Y soy de las que piensan que es mejor tener un amigo valiente que esperar a un cobarde.

¡Encantada de conocerme!

"En la tranquilidad hay salud, como plenitud, dentro de uno. Perdónate, acéptate, reconócete y ámate. Recuerda que tienes que vivir contigo mismo por la eternidad".

Facundo Cabral

Párate frente a un espejo… ¿ya? Mírate de arriba abajo (CON DETALLE). Pregúntate qué te gusta o te disgusta de ti, desde tu nombre hasta tus kilos "de más"… todo. ¿A que algunas veces no nos agrada mucho hacer este ejercicio? Y si lo hacemos con todo el mundo, todo el tiempo, **¿por qué no lo hacemos con nosotras mismas?** PORQUE NOS DA TERROR.

Muchas veces, nos centramos al 200% en **los demás** porque es la mejor manera de olvidarnos de lo que no queremos ver en nosotras… y allí es donde comienzan casi todos los problemas. ¡Claro! es **mucho más fácil ver para afuera o dedicarse a cualquiera que no seas tú misma**. Es más interesante controlar la vida de otro o pretender cambiar al otro para tu propio beneficio… Pero resulta que la única que puede cambiar a alguien **eres tú a ti misma**… y a nadie más.

Cuando terminé mi relación más complicada, hace casi 4 años, no tenía idea de quién era yo (se los juro). El dedicarme **a él** en cuerpo y alma para que no me dejara y me "quisiera y aceptara", me hizo darme luego con varias piedras parecidas por el camino. Se me repetían las situaciones con diferente disfraz, no tenía ni idea de lo que quería en una relación ni de mi misma, solo sabía relacionarme con hombres complicados, comprometidos emocionalmente con otra o inaccesibles. ¡Normal! Cuando no tienes claro lo que buscas, te tropiezas con lo que sea una y otra vez.

Conocí a una señora que me contaba que luego de su divorcio, después de casi 30 años de matrimonio complicado, no sabía ni cuál era su color favorito, ni su comida favorita ni su música favorita... las de su ex, pues sí, las tenía muy claras.

A mí me pasó casi lo mismo y todo el tiempo estaba triste o angustiada porque estaba sola, con mi pose de princesa víctima sin futuro... **hasta que comencé a escribir.** En una noche de insomnio, escribí mi primera obra de teatro, *Qué desamor mi amor*, y luego **comencé el blog *Por mis tacones*, con el que cada día aprendo más. Siempre me releo porque debo ser fiel a mis palabras y eso me ayuda a no cometer antiguos errores.**

Tengo una bella amiga que pasó también por una relación muy tormentosa y para ella escribir también fue su catarsis. **Sus poemas sanan**, lo digo por mi propia experiencia. Ella es otro ejemplo de superación, de autoconocimiento y de aprender a atraer a nuestra vida lo que SÍ queremos. Hoy en día está feliz, muy enamorada de su actual pareja y con dos maravillosos libros de poesía en su haber.

Tengo otra amiga que es una gran artista. Ella pasó por una relación que la dejó cubierta de cenizas. **"El teatro me**

salvó", fueron sus palabras; la salvó de la ceguera de no verse por dentro, agrego yo. También la renovó la pintura, que califica de "milagro" espontáneo. Con el tiempo y la autoaceptación, se dio cuenta de que el hombre que quería de verdad no era un mega-culto-filosofal, sino aquel que le aplaude los triunfos y le acaricia la cabeza en los fracasos sin sacar conclusiones... nada más. Hoy ella está feliz y renovada gracias a su autoconocimiento a través de las artes.

Tuve la oportunidad de conocer a un grupo de mujeres guatemaltecas fantásticas, que tienen un grupo que se llama Las Poderosas Teatro. Han vuelto a la vida después de un maltrato, han salido de esa situación gracias a la actuación y ayudan a muchas a través de sus experiencias.

Como dice Robin Norwood en su libro *Las mujeres que aman demasiado*: "Una vez que la autoaceptación y el amor propio empiezan a desarrollarse y arraigarse, entonces estamos listas para practicar conscientemente el solo hecho de ser nosotras mismas sin tratar de complacer, sin actuar de maneras calculadas para ganar la aprobación y el amor de otros".

Sé que estoy en un interesante proceso, he aprendido a detectar lo que **"NO ES"** para no recaer en viejas experiencias conocidas. Me estoy relacionando diferente, **me estoy dando permiso a vivir buenas experiencias** con hombres accesibles, dulces y profundamente considerados con mi persona. Me estoy rodeando de hombres sinceros, claros, transparentes y muy buenos conmigo, que me hacen ver la otra cara de la moneda. Esto solo significa que estoy cambiando por dentro y que estoy en el camino del amor propio que solo atrae cosas buenas a mi vida... y siento que están muy cerca.

Las invito a hacer el ejercicio de mirarse un rato por dentro... no se tengan miedo... porque siempre hay una luz al otro lado del río... **¡la tuya!**

Soltera sí... Desesperada nunca

"Te va a dejar el tren".

"Ya te veo viviendo rodeada de gatos".

"Te vas a quedar para vestir santos".

"¿Eres la única que no se ha casado de las de la clase?".

"Se te está pasando el arroz".

"Mira que después de los 35 es más difícil concebir".

"¿Todavía no tienes novio?".

El otro día hablaba con una buena amiga de mi infancia, que me dijo la siguiente frase: "las mujeres solteras se quejan de que todos los hombres que valen la pena están casados... y las casadas se viven quejando de sus maridos". ¡Ya ven lo inconformes que podemos llegar a ser señoritas!

Una cosa sí que es cierta y es el afán de todo lo que nos rodea (familia, amigos, cultura, país, etc.) de que no nos quedemos solteras, y sobre la base de esto se crea una especie de "COCO fantasmagórico" que te acompaña en cada cumpleaños (y tu sin novio ni boda en puerta), porque los años pasan y no pasan en vano.

Ser soltera, no tener novio, no tener pareja o amante de turno es una LOCURA desde todo punto de vista... y, si pasas de los 30 y tantos, aún peor porque el término se recrudece y sale a la luz la palabrota **SOLTERONA** (que debería estar catalogada como grosería).

Yo tenía un primo que desde los 12 años me enumeraba las "solteronas de la familia"... y yo temblaba solo de pensar que mi nombre saldría en algún momento. Cuando se casó mi hermana (que es 6 años menor que yo), me pasé semanas buscando respuestas a la pregunta: "¿Y tú para cuando, mi amor?". Qué estrés y angustia cuando ves que te vas quedando sola en la fila de amigas que se van casando una tras otra **¿Y QUÉ? No pasa nada.**

Conozco gente que se ha casado por no quedarse sola porque es más interesante tener el estatus de divorciada que el de soltera. Otras que simplemente **no pueden estar solas** y prefieren aguantarse al mamarracho de turno, aunque sepan que esa relación que tienen no va a ninguna parte. Otras, las del cartel de "disponible", se regalan al mejor postor, que al poco tiempo las deja llorando con el papel de regalo hecho añicos. También conozco a las que aguantan infidelidades varias, y lo saben, pero **no lo dejan.** Hay mujeres que buscan, atacan y persiguen al hombre en cuestión y aparte se quejan si él sale despavorido (¿qué parte del "el hombre es cazador" no entendieron?).

Los signos de desesperación se salen por los poros, los hombres para eso tienen un radar, se lo juro: ellos saben quién está desesperada por el anillito o suplicando amor.

Una cosa es estar sola y otra muy distinta es *sentirse sola* (les garantizo que uno se puede sentir sola teniendo pareja y esa es la peor de las soledades). Yo les diría que aprovechen la *oportunidad* de estar sola. La soledad es un momento mágico de encuentro contigo misma. En soledad te permites crear, conocerte, disfrutar de tu tiempo, hacer lo que te dé la gana y definir qué quieres en una relación. Una vez que vuelves a tener pareja, ya has apreciado tus momentos y desearás tenerlos, lo que es muy bueno cuando estás con alguien.

Ser soltera es una opción de vida, conozco muchas que lo son por decisión y son excelentes mujeres, absolutamente normales y completamente felices. Hay las que lo son de manera circunstancial, pero que **no lo llevan como una cruz**, lo llevan como una oportunidad de autoconocimiento hasta que llega el hombre correcto... (pero ¡ojo!, que a veces el paso del tiempo nos hace mucho más exigentes... si no deseas estar sola siempre, entiende que el hombre perfecto y libre de defectos no existe).

Además, nunca sientas que estás sola... nunca lo estás, mira a tu alrededor y agradece por tus amigos, agradece por tu familia y agradece que vives con alguien maravilloso: TÚ.

¡Estás enamorado de mí! Pero aún no lo sabes...

Hace unas semanas, escuchaba una conversación de dos de mis amigas y el diálogo fue algo como esto:

—No sé qué le pasa, amiga... un día llama y al otro desaparece. Yo sé que hay *feeling*, porque está pendiente de mí, pero no logro entender por qué no termina de lanzarse. El otro día me dejó embarcada y después de dos días me lo encontré. ¿¿Y él?? Tan tranquilo... ni se disculpó. Pasé los dos días preguntándome: ¿qué hice yo de malo?, ¿será que lo espanté? No entiendo su comportamiento... ¿será que no quiere nada conmigo?

A lo que si amiga respondió:

—No digas eso, tranquila, amiga, lo que pasa es que **está muerto de miedo porque está enamorado de ti... y no lo quiere admitir.**

¿Qué? ¿QUÉ?????? (Mi cara de impresión no fue normal)

—¡Tienes razón! Esperaré a que se decida...

¿¿Que QUEEÉ??? *Esperarás toda la vida...*

Me quedé tan maravillada con este diálogo que tuve que desarrollar este artículo. Qué capacidad que tenemos las mujeres de hacernos la **"casita mental"** donde negamos la realidad palpable, que te viene de frente, te golpea y aun así es como si te hicieras la loca para no ver las cosas claramente, las cosas "reales". Muchas veces preferimos inventarnos un amor "irreal", "de final de cuento", "de novela rosa"… nunca he entendido: ¿para qué? (Si alguien que lee esto es psicólogo y me lo puede explicar le estaré agradecida eternamente, pues soy la primera en sufrir "alucinaciones creativas amorosas"). Nosotras, al tener la necesidad de hablarlo TODO, terminamos analizándonos las posibles relaciones entre nosotras… vaya error (No somos psicólogas, ¡¡HELLOUU!!).

A ver si estas expresiones y respuestas te parecen conocidas:

"Me trata con indiferencia" → "Eso es porque está interesado y se hace el duro".

"No me ha llamado aún" → "Ya llamará, se está haciendo el interesante, dale su tiempo".

"Me contó que salió con una amiga y se la pasó súper bien". → "Eso lo hace para ponerte celosa, él solo tiene ojos para ti, así no aparezca".

"Aún no tenemos nada y ya me presentó a la familia" → "Se quiere algo serio contigo, ¡qué emoción!".

No, señoritas, vamos a dejar de darnos esos consejos que no sirven sino para crearnos expectativas sin sentido. **Los hombres son más simples, más básicos y van al grano.** Si un hombre te trata como un amigo, es que QUIERE SER TU AMIGO; si no te llama, es PORQUE NO LE INTERESAS LO SUFICIENTE; si no aparece, es porque NO TIENE GANAS DE VERTE… **No es para nada lo contrario.**

Tengo una amiga que pasó 20 años de su vida a la espera de que su primer amor se diera cuenta de que ella era la mujer de su vida. 20 años construyéndose una casita mental maravillosa, en la que él no tenía ninguna competencia aunque sería el invitado de honor cuando se "enterara" de que la quería. ¿Resultado? Él se casó con otra y esos 20 años de la vida de mi amiga, a la basura.

¿No creen que es más fácil ser más sinceras con nosotras mismas? ¿No es mejor dejar de analizar a los hombres y ver simplemente las claras señales que nos dan? ¿Por qué nos negamos a ver la realidad? ¿Será por culpa de tanta novela rosa y tanto Disney?

Nadie está para perder el tiempo, y no por esto las estoy animando a cerrarse a que el amor llegue, pero es que cuando llega te invade de tal manera que no puedes escapar. Cuando se está enamorado de verdad, **SE SABE**... es imposible no darse cuenta porque se sale por los poros. Así que si ese hombre no lo demuestra claramente, no es que tenga miedo, no es que no lo quiera reconocer, no es que lo intimides... es que simplemente no le interesas... Después no digas que no te lo dije.

¡Pon un Ken en tu vida!

Toda niña ha tenido al menos una Barbie en su vida. Y toda niña que se precie no puede dejar a Barbie sola sin su KEN. Ken es la figura masculina más cercana a nosotras, aparte de nuestro padre en la infancia.

¡QUÉ GUAPO ERA MI KEN! Y no me conformé con uno solo, tenía variedad. Mi ken rockero era el favorito, con su cabello negro punk y sus profundos ojos azules. Venía con un micrófono (porque era músico sexy). Mi ken Malibú (¡se me descubre la edad) ¡era un espectáculo! El tipo bronceaba su cuerpo perfecto mientras tomaba el sol y sus cabellos dorados combinaban perfectamente con su bañador... Y mi Ken vaquero, ¡todo un *cowboy*! El mío se parecía a uno de los protagonistas de *Brokeback Mountain*.

Para mí, Ken fue un adelantado a su época, UN METROSEXUAL: depilado, siempre bien peinado, con su cuerpo definido y ¡A LA ÚLTIMA MODA! (así le gustaba a Barbie). Esta entrada me la ha inspirado la película ***Toy Story 3***, donde Ken AL FIN tiene algún protagonismo. Siempre ha sido el "segundón de Barbie" y, como le dicen en la peli, "un juguete PARA NIÑAS" y sin BO... (sin *genitales masculinos a la vista*, para no ser grosera).

¿Qué influencia ha tenido este personaje en la vida de tantas mujeres? ¿Será que muchas suspiran por un hombre Ken o es todo lo contrario?

Los niños tenían otro tipo de muñecos, los GI JOE, los RESCUE HEROES... y los que más recuerdo, los GEYPERMAN (por favor no sean despiadados con respecto a mi edad).

Mis primos tenían **Geyperman** y en mi precoz cerebro infantil seguro debo de haber pensado: ¿tienen pelo?, ¿tienen barba? Son soldados, guerreros, policías, rescatan gente, salvan vidas, son audaces, son VALIENTES... son... son... son... ¡¡¡VARONILES!!! ¿¿¿Y mi Ken??? ¿¿¿¿SOLO SE BRONCEA???? Les juro que se los robaba a mis primos sin permiso para que rescataran a mi Barbie!!! KEN ME PARECÍA DEMASIADO SOSO (le faltaba TESTOSTERONA). Los Geyperman podían mover todas sus articulaciones y mi Ken parecía un PALO.

Ken, además de ser guapo, era vendido como el FIEL novio de Barbie, buen muchacho, estudioso, caballero, inteligente, dulce, detallista, derechito, tiesooooo y... ¡ABURRIIIIIIIIIIIIDO! Bueno, como diría un amigo mío, un *GRG*: **¡Guapo, Rico y Gafo!**

Y allí vienen mis preguntas reflexivas: ¿por qué siempre las mujeres le buscamos las 5 patas al gato? ¿Por qué siempre nos atraen los hombres "Geyperman", si son unos bichos? Tanta perfección de un hombre Ken nos molesta y si se nos acerca un alguno ¿los usamos para jugar, como cuando éramos niñas?

Les digo que tengo varios amigos con las características de un hombre Ken (no me envidien) que se quejan de la falta de seriedad de muchas mujeres con respecto a ellos. O que **les cuesta mucho encontrar pareja, aunque no lo crean** (para que vean que los hombres guapos y buenos también la pasan mal). Muchas de mis amigas que han tenido la oportunidad de salir con alguno así y al poco comienzan a comerse el coco con frases como estas "Seguro tiene algo malo, no puede ser

TAN perfecto", "Es demasiado metrosexual para mí, se arregla más que yo", "Demasiado *delicadito*, debe ocultar algo"… nos adelantamos, juzgamos sin saber y la oportunidad se va por la basura.

Nadie es tan perfecto como para ser cierto, ni tú misma. Piensa la de veces que has dejado pasar de lado un Ken por tanta tontería y has preferido al Geyperman que después te dejó llorando y jugando sola.

Tan dulce que empalago

Anoche una amiga me contaba que el chico con el que "sale" le dijo a modo de observación: **"Es que tú eres muy romántica"**, siguiendo con la siguiente explicación: **"Yo lo era, pero la vida me ha dado muchos golpes y lo perdí"**. Es que eso ¿se pierde?

Me quedé pensando en este comentario porque "al parecer" tener detalles, toques de dulzura, ser atentos, suaves con quien deseamos, consentidores con quien nos apetece o "románticos" está **mal visto** en los tiempos que corren. Y más cuando pasas a una edad adulta y estás aún sin pareja estable donde relacionarse se ha vuelto cada vez más **"surrealista"**. Evitamos involucrarnos porque "CUIDADO, te puedes enamorar"; evitamos dar "el paso" porque "CUIDADO, te van a hacer daño"; evitamos besar, acariciar, abrazar, amar porque "CUIDADO, te vas a hacer ilusiones"... ¿Y QUÉ PASA SI ESO PASA?

El bendito empeño en protegernos de sentir, la mala costumbre de tenerle miedo al amor o a la ilusión o a sufrir... ¿Tú eres adivino, acaso? ¿Puedes saber lo que te va a pasar? ¿No te das cuenta de que por estar viviendo en un futuro dolor o un futuro desamor no nos permitimos VIVIR la dulzura del HOY?

Hace poco viví una relación en la que ÉL, cada vez que teníamos algún encuentro cercano interesante y positivo, me recordaba como si fuera una sentencia de muerte: **"Tú y yo somos amigos, no quiero que te hagas ilusiones conmigo"** (al menos era sincero) y mi caramelo en baño de María se quemaba, inmediatamente. Me bajaba la miel al inframundo, me limitaba mis impulsos naturales a abrazarlo, simplemente. Me ponía la armadura de hierro para poder chocar con la suya. Tuve un novio que me dejó por "atenta", otro que me decía cariñosamente "mi pegostico" (vaya piropo) porque lo abrazaba cuando dormíamos juntos, **y me pregunto ¿hay algo mejor para la salud que abrazar a tu pareja cuando duermes?**... pasé años pensando que era malo; años quitándole azúcar a mis emociones, a mi yo real.

Yo no creo que la dulzura innata se pierda, yo no creo que el ser romántico se elimine, yo no creo que el ser cariñoso se saque de cuajo de nuestro sistema. Creo que, si alguna vez lo hemos sido y nos lo han bloqueado **(que puede pasar)** simplemente hay que DEJARSE FLUIR.

Así que un día decidí arriesgarme y conocí a alguien que despertó mi dulzura natural, esa que te deja SER como quieres SER. Decidí no REPRIMIRME a mí misma, simplemente porque la otra persona tenga miedo de que me enamore de ella o que sufra por él o que me ilusione, porque al final quien manda sobre mi corazón y lo que él siente soy yo. Decidí vivir los momentos que me regala la vida, cortos o largos. Decidí que mi caudal de cariño es una fuente inagotable de amor, que necesito que salga y bañe al que tengo a mi lado, y me da igual lo que piense.

La vida es demasiado corta para limitarnos por un tema de moda o de sociedad o de los tiempos que vivimos. Búscate a alguien que te deje ser, alguien que viva 24 horas del día sin pensar en lo horroroso que sería "enamorarse", alguien a quien puedas despertar a besos sin sentirte cohibido, alguien a quien puedas abrazar toda la noche sin más motivo para acostarse que una dosis de cariño. Nos hace falta amor, nos hace falta sentir, nos hace falta amar y dejar que nos amen...

Yo ya lo tengo asumido... seré dulce hasta que empalague.

Mujeres ¡superpoderosas! ¿Heroínas?

Si creían que las princesitas de los cuentos de hadas nos han dañado el cerebro, esto es un juego de niños comparado con lo que han hecho las "heroínas" de los cómics. Son mujeres valientes, fuertes (parecen fisicoculturistas), incansables, dotadas de "súper poderes", capaces de levantar coches, volar miles de kilómetros, con talentos inimaginables dignos de toda una **PODEROSA**. Pareciera que estas heroínas, que sacudieron la cabeza de muchas mujeres de mi edad en nuestra infancia, no necesitan a nadie, se las arreglan solitas. Ellas están para ayudar sin chistar ni quejarse, y no solo a sus amigos cercanos, no, no, no, noooo: **¡A TODA LA HUMANIDAD!** Y se ofrecen al mundo con todo su "poder" olvidándose muchas veces de ellas mismas.

Si analizo algunos comportamientos muy conocidos, podría decir que algunas de nosotras somos como la **Mujer Elástica**, nos amoldamos, nos adaptamos y readaptamos a cualquier persona, trabajo, ambiente o situación por extrema que parezca y a toda costa, aunque pongamos en juego la tonicidad muscular de nuestro cuerpo.

Otras, utilizamos el avión de la **Mujer Maravilla**, que tiene la virtud de ser invisible, para usarlo en nuestra vida como muro transparente que nos proteja de cualquier peligro... pero también del amor. ¿Alguna vez se han preguntado la de veces que ella se sintió mareada de tanto girar? Si fue así, ¿se lo dijo a alguien?, ¿se quejó? Nooooooo, de eso nada, ella firme en su impostura (seguro que lo aplaca tomando Dramamine o cualquier cosa para la Laberintitis).

Y la gemela de **Los gemelos fantásticos** recuerdan esto: ¡Poderes de los gemelos fantásticos, ACTÍVENSE! Pues algunas de mis amigas son así: ¡en forma de señora de la limpieza!, ¡en forma de biberón!, ¡en forma de amante obligatoria!, ¡en forma de cocinera!, ¡en forma de consejera sentimental!, ¡en forma de la mejor amiga!… y terminamos adquiriendo la forma que todo el mundo desea y necesita, pero que muchas veces nada tiene que ver con lo que nosotras queremos de verdad.

Otras van por la vida a lo **Gatúbela o Catwoman**, vestidas de cuero, misteriosas, liberales, con el látigo en la mano y enmascaradas de "diosas sexuales sin sentimientos"… cuando, en el fondo, somos unas gaticas dulces que lo único que deseamos es que nos abracen… o, como mínimo, que nos llamen al día siguiente.

Las que tienen complejo de **Supergirl** van de misión en misión, se la pasan volando por los aires sin parar un minuto a descansar y mientras más fuertes, más rápidas y más valientes seamos mejor… pero basta con que nos muestren un poquito de "criptonita sentimental" para vernos quebradas en mil pedacitos por la caída.

Y yo me pregunto: ¿para qué? ¿Vale la pena ser tan valiente?, ¿vale la pena ser tan dispuestas, tan "fuertes" en apariencia, como que todo lo podemos, todo lo soportamos y nada nos supera? No lo creo. Hay algo extraño en nuestro inconsciente colectivo femenino, se los digo porque lo he vivido, que por ser independientes y libres, creemos que no necesitamos de nadie y eso es falso. Se nos olvida mucha veces que somos humanas, que necesitamos dejar la capa, el látigo y los poderes de un lado para aceptar una ayuda, un elogio, y un "te quiero" de vez en cuando. Que mientras más pasan los años y nos valemos por nosotras mismas, nos da el poder y nos monta en la palestra de las heroínas, donde "ningún hombre no va a venir a mantenerme a mí, yo me basto sola" (lo escuché textual de la boca de una amiga).

¡CARAMBA!... de vez en cuando viene bien ser mujer florero por un tiempo, pienso yo, como para descansar un rato, eso ni te hace frágil ni te convierte en víctima. Entiende que tu poder como mujer no te lo va a quitar nadie que venga a darte su mano para sacarte a bailar y regalarte un abrazo para que llores si lo necesitas, porque es más heroína la que acepta sus derrotas y bajones cuando los tiene que la que no.

En un momento vulnerable y decisivo de mi vida escribí esto:

> Hoy, decidí colgar mi "capita". Mostrarse vulnerable no es tan malo, pedir ayuda tampoco. Saberte débil, menos. Dejar lo que te daña es un acto heroico contigo misma... por eso hay que quitarse la capa de vez en cuando, porque las súper mujeres no lloran, resuelven. No se caen, levantan a otros. No les duele nada, sanan a los demás. No necesitan a nadie, se "autorrescatan". Hoy decidí colgar mi "capita" y permitirme ser simplemente humana.

Curso para besar... ¡sapos!

Hay una HISTORIA que me gusta mucho relatar y es la siguiente:

"Había una vez una princesita, que, como buena princesa, estaba en lo alto de su torre. Ella no era una princesa común, tenía más de 40 años, aún estaba soltera y su gran sueño en la vida era ser rescatada por un príncipe azul (¿a qué les suena?). Este príncipe no era de un azul cualquiera, era un TODO-INCLUIDO: caballo blanco, palacios y tierras. La princesa se encerró en la torre, por miedo a un supuesto dragón que rondaba los alrededores, y suspiraba con conocer el verdadero amor en los besos de aquel imaginario príncipe. Una noche de luna llena, mientras ella rezaba a San Antonio para que llegara el amor a su vida, entró por la ventana UN SAPO baboso, feo y maloliente. "¡Caramba, San Antonio! Era un príncipe lo que quería... NO ESTO", dijo. Pero recordó una vieja leyenda medieval que versaba así: "**En luna llena, besa un sapo maloliente, colócalo a tu lado en tu cama durante toda la noche y a la mañana siguiente tendrás a tu lado el PEDAZO DE PRÍNCIPE con el que siempre has soñado**"... y...esa es la historia... **¡esa es la historia que le metió la princesa al rey cuando la encontró en la cama con un hombre!**".

Las "princesitas" le temen a los dragones, brujas y ogros que las rodean: **SUS MIEDOS**. Miedo a la intimidad, a comprometerse, al abandono, a no ser correspondidas, a sufrir, a entregarse, al roce... en definitiva, **a AMAR**. Es por esa razón que van con la torre de piedra a cuestas, a modo de muralla, para evitar el contacto, y quejándose de soledad.

Conozco a una princesa que estuvo así muuuuuuuuuuuuuuchos años, hasta que tomó la decisión de **comenzar a besar sapos**. Se topó con uno que no solo era baboso, era un rastrero que la ahogó en el pozo más putrefacto del pantano, y la dejó sola, decepcionada y triste. El sapo siguiente no quiso comprometerse nunca con ella, el siguiente solo la quería como una amiga y el siguiente tenía una rana esperándola cada día en casa... **ninguno se convirtió en príncipe, ¡PERO LO VIVIÓ!** Y nadie le quita lo *bailao*.

¿**De qué vale protegerse tanto?, ¿para qué *soñar* con un beso perfecto, cuando puedes *VIVIRLO* de verdad?**

Cuando vives la experiencia, comienzas a entender que hay dragones que puedes matar tu solita, que los ogros no son tan gigantes como creías y que no necesitas a nadie que te rescate de las brujas. **SAL DE ESA TORRE DE PIEDRA A VIVIR Y ANDA A BESAR SAPOS** (eso sí, con protección, no te me vuelvas loca tampoco). Esa es la única manera de crecer: VIVIENDO, ARRIESGANDO, DESCUBRIENDO, CAYENDO Y LEVANTÁNDOSE. Esa es la única manera de enterarte de lo que en realidad quieres para ti.

El fin de semana, un amigo me hizo ver que sigo siendo una princesa y se lo agradezco públicamente en este texto. Me dijo que no debía perder la ilusión, que no podía dejar de soñar (pero con los pies en la tierra, me decía yo por dentro) porque el hacerlo me impediría ver lo cerca que podría estar de encontrar el amor. Una cosa es ser **"princesita de cuento"** de las que no han vivido nada y sueñan en su casita mental, y otra muy distinta es tener **"actitud de princesa"**. Esa actitud es la que te permite salir de la torre a besar sapos sabiendo a lo que te expones y es la que te dará la claridad para entender que no todos los sapos se convierten en príncipes, pero que todos son potenciales. Esa actitud te permite aceptar que los sapos que pasen por tu vida **no son malos**, porque son maravillosos para APRENDER.

Como decía mi sabia abuela: **"Hay que besar muchos sapos antes de encontrar el príncipe azul"** (a mí al parecer aún me quedan unos cuantos). **PRINCESAS DEL MUNDO, ¡A BESAR SAPOS!**

¿SAN VALENTÍN O SAN ANTONIO?
(DEPENDERÁ DE TU ESTADO CIVIL)

Rosas rojas, corazoncitos versión chocolate y caramelo. Lencería sexy (con corazoncitos), tarjetas con musiquita (y con corazoncitos), ositos de peluche que dicen "Te amo" (con corazonciiiiiiitos)... Varios días antes del 14 de febrero ves corazones rojos y Cupidos en casi todos los escaparates que se te atraviesan, viajes para parejitas (con descuentos) a lugares muy románticos, medallas de corazones partidos en dos y grabados con el nombre de él y ella respectivamente... TANTA CURSILERÍA NO SOLO ME DA NÁUSEAS, ¡ME DA EN-VI-DIA! (típica reacción bipolar de la que está sola y escribe este artículo con "My Funny Valentine" de fondo).

Es una sensación bastante contradictoria lo que me hace sentir el FULANO día de los enamorados, sobre todo si casi siempre estoy sola en esta fecha y me tengo que conformar con las películas románticas que te lanzan durante la toda la noche, salir a la calle y ver a casi todo el mundo de la mano o besando con pasión a su pareja y, claro, regalándose "cositas cuchis" para no pasar por alto el lindo día del amor... y la AMISTAD (no me j... con el "paliativo" para los solteros).

Este día no fue inventado por los comercios, como muchos creen. Resulta que en la Roma del siglo III, cuando aún los cristianos eran vistos como bichos raros, un sacerdote llamado Valentín, se dedicaba a casar en secreto a parejas jóvenes por el rito cristiano. El emperador Claudio II, al enterarse de lo que Valentín hacía, lo metió preso. Cuando estaba en prisión, el que debía llevar a cabo la misión de condenarlo era Arterius, quien decidió ponerlo a prueba presentándole a su hija Julia, que era ciega, para que le devolviera la vista (y yo que pensaba que el amor era ciego, esta historia me tumba la creencia). Total que Valentín, además de devolverle la vista a la ciega, se enamoró de ella. En vísperas de su ejecución el 14 de febrero, Valentín escribió una carta a su amada y la firmó con la popular frase "de tu Valentín", de ahí el famoso "be my Valentine" (y, pensándolo bien, Valentín le DEVOLVIÓ la VISTA a su amada... no la dejó cegata como pasa casi siempre).

El día de San Valentín se celebra de muchas maneras en diferentes partes del mundo y de formas muy diversas. ¡Oído al tambor, SOLTERAS! lean la siguiente leyenda urbana con detenimiento: en Gran Bretaña e Italia las mujeres "casaderas", la noche de San Valentín, se levantan muy temprano de la cama y salen a la ventana. Dice la leyenda que el primer hombre que pase por la calle será con el que se casarán ese año (pero cuidado con la hora en la que vayan a hacerlo no vaya a ser que las pille el abuelo que sale de madrugada a pasear el perro).

Recuerdo un 14 de febrero hace como dos años, cuatros amigas solteras decidimos irnos fuera de Madrid a pasar el día en el Escorial para no recordar que todo el mundo recibiría flores menos nosotras. Cuando entramos al imponente monasterio UN SAN ANTONIO TAMAÑO NATURAL nos miraba desde su pedestal con cara de "Hoy no trabajo". Les juro que nunca nos imaginamos encontrarnos de frente con "el santo que te busca novio" el día en que escapábamos de la desdicha de no tenerlo (Hay que tener puntería).

¡San Antonio bendito! (yo quiero un novio bonito, no importa que sea choreto...) es ese santo que tenemos que poner de cabeza para que nos traiga un novio... POBRECITO, ¡qué clase de trabajo es ese! Si las agencias de búsqueda de parejas, ni Internet, ni las citas a ciegas que te planean tus amigas funcionan, ¿le vas a dejar esa responsabilidad a San Antonio? Les aseguro que si ya le han pedido uno, ¡TENGAN PACIENCIA! porque la lista de espera debe ser muy larga. ¡Hay que ver cómo está el mercado de saturado!

Mi San Antonio se quedó DECAPITADO en mi última mudanza, no quiero averiguar qué significa, porque si lo que me esperan son 100 años de soledad, será mejor que comience a quererme mucho más.

Yo, por mi parte, me niego pasar esta fecha encerrada viendo películas de amor y comiendo helado de chocolate. Me iré con mis amigas, o sola, a conocer una nueva ciudad, tomar vinito y brindar por el amor hacia mí misma. A los que tienen pareja les deseo un día de mucho amor y cursilería porque eso también es maravilloso cuando se tiene. Ojalá no pierdan las cosquillitas en el estómago y hablar en diminutivos y comprar muchos regalitos (con corazoncitos). HÁGANLO, no deben perder eso en su relación (mi padre lo hizo con mi madre durante 40 años de casados). Recuerden que el día de los enamorados debería ser todos los días y si no tienes pareja no tienes que esperar que alguien nos lleve flores: regálatelas tú.

¿Tu pañito de lágrimas? ¡No gracias, tu amiga no!

A veces, las cosas son tan sencillas, que no creemos que puedan ser así, y buscamos lo que no existe para complicarlo.

"No actúes como la *amiga* de un hombre que te gusta". Esta frase de mi hermana la vengo escuchando hace un montón de años, pero no la entendí hasta ahora, que vengo de tocar este tema, que me ha venido persiguiendo por años. Mientras tomábamos un helado (en un día de calor), una querida amiga me contaba lo derretida que estaba por un tipo y que no sabía cómo comportarse con él. Sus palabras fueron más o menos estas: "No sé, esta vez debo **ACTUAR** diferente, porque siempre me pasa lo mismo, termino haciéndome la amiga simpática, me enamoro como una gafa y al final el tipo se va con otra... ¿Y YO? Noooo, esta vez no pienso demostrar nada... no pienso montarme un cuento en la cabeza hasta que no vea nada de su parte, aunque no sé qué debo hacer porque siempre termino siendo *la mejor amiga...*, ¿por qué no hablas de esto en tu blog?". Caramba, me dio en mi punto débil, porque sus palabras me llegaron a mi fibra más íntima y a la materia pendiente en mis relaciones.

Abordar este tema me ha traído un montón de recuerdos de mi pasado. Por el hecho de haber llegado a pesar 120 kilos, nunca me consideré una bomba sexy (aún me cuesta) y en un país como en el que nací, es aún más difícil que socialmente te consideren como tal. Crecí rodeada de modelos de pasarela muy guapas, muy sexys... pero muy antipáticas (estereotipo) y yo adopté el papel de "la simpática" (que no se come una rosca). Considerando este aspecto y tomando en cuenta el término *actuar* del párrafo anterior, me he animado a caracterizar las diferentes maneras en que muchas mujeres con síndrome de la **"AMIGA"** logran llamar la atención de un hombre que les gusta:

1. **Las "Payasito saltarón"**: las súper simpáticas, de divertidos colores y alegre sonrisa. Se las caracteriza por ser un mar de risas por doquier. No tengo nada en contra de estar feliz por la vida, pero una cosa muy distinta es pretender ser feliz para que él se dé cuenta de lo divertida que eres. Esta especie se ríe de sus chistes malos, es la compañera de las fiestas sin descanso, aunque esté exhausta no se permite la responder con un "no puedo"... siempre puede, está presente y disponible para pelarle el diente (carita feliz).

2. **La "Confesionario"**: las que son capaces de atender el teléfono si llama él, a la hora que sea, con tal de estar disponibles para escuchas por horas interminables de quejas, lamentos y malestares. Son buenas consejeras, sobre todo si pueden alentar "sutilmente" a encontrar una mujer de sus mismas características. Siempre pacientes, pendientes y consecuentes... (no te extrañe que en una de esas te suelte que le gusta OTRA).

3. **La "ONG"**: ¿qué necesitas?, ¡yo lo resuelvo! Dispuestas a dejarse la piel en ayudar al objeto de su amor con tal de que él vea lo mucho que se ocupan de sus cosas. Son la resuélvelo-todo, la agenda, la mujer de los contactos, la manager, la secretaria, la cocinera, la buscatrabajo, la plancha-camisas, la mujer agenda, la asistente personal... (y gratis, para colmo).

¿Hace falta tanta pérdida de energía? ¿No sería más sencillo ser como somos y dejar de actuar como algo que ni siquiera queremos ser para que ese hombre te mire con ojos de amor? ¡ELLOS SON INFINITAMENTE MUCHO MENOS COMPLEJOS! Comentaba esto con un amigo anoche y lo que me dijo fue: "Si a un chico le gusta una mujer se lo hace saber claramente".

¡Qué sencillas pueden ser las cosas y cómo lo complicamos todo! La vida te da regalos si estás dispuesta a recibirlos: se tú misma, no esperes nada, no te cierres a nada y atrévete a vivir plenamente. Mientras más auténtica y verdadera te muestres, sin actuaciones, sin razonar demasiado y sin etiquetas, mejor será. Deja que lo que tenga que fluir, fluya.

Para des-vestir santos... ¡hay que bajarlos del pedestal!

Me llama mucho la atención la cantidad de mujeres que se quejan de lo siguiente: "Todos son unos cabrones", "¡Qué va! Ya no hay hombres fieles", "Son unos calzonazos", "Los hombres buenos no existen", "Todos son una mier....." (... eso mismo que cuando la pisas ganas dinero).

Muchas mujeres tienen la creencia de que estamos rodeadas de trogloditas, neandertales, primitivos y mamarrachos. Muchos de mis amigos, cuando hablan de ese tema conmigo, sacan a la palestra la siguiente pregunta: "**¿Por qué a las mujeres les gustan los hombres que las desprecian o las tratan mal?**". No es a todas, pero en la mayoría de los casos que conozco es así... y tienen razón, **¿qué pasa cuando conocemos a un hombre que es buena persona y nos quiere bien?**

Tengo varias amigas que cuando se han encontrado en el camino con un posible "buen amor" se hacen presas del pánico y salen corriendo como Julia Roberts en *Novia a la fuga*. "Es demasiado bueno", "Es TAN perfectico", "Es demasiado atento", "Se PASA de encantador", "Es demasiado para mí". Tomo prestado este párrafo textual del ya citado libro Las mujeres que aman demasiado, que describe este tipo de mujeres así: "**No la atraen hombres que son amables, estables, confiables y que se interesan por usted. Esos hombres –agradables– le parecen aburridos**". Si se han sentido identificadas, pues léanse este libro, que no tiene desperdicio.

Una amiga me contaba, hace unas semanas, que pasó días sin dormir tratando de conseguir algún defecto en el chico que está interesado por ella. Seguramente encontró varios, pero a pesar de eso no se creía que fuera normal. Lo que me lleva a pensar lo siguiente: **¿por qué las mujeres tendemos a ELEVAR al altar mayor a este hombre que apenas conocemos bien?** ¿Por qué nos empeñamos en canonizarlo? Es que hasta le ponemos una aureola resplandeciente, con unos angelitos revoloteando a su alrededor, mientras tu cabeza canta "¡GLORIA! ¡GLORIA! ¡ALELUYA!". Mi señor TODOPODEROSO, te encontré al fin... Noooonooooo, mis niñas, ese hombre no hace milagros, ese señor puede que sea MUY buena gente, pero es un ser humano con defectos, como tú. **Él no es perfecto, nadie lo es.**

Así que bájalo del pedestal, apágale la vela, María, y ponlo a tu nivel, porque es allí donde comienzan bien las cosas. El peligro de ENDIOSAR a un hombre en tu creativa imaginación, la tendencia a hacerlo perfecto y sin pecado posible, te hace verlo solamente como tú quieres y se pierde la sorpresa de la realidad humana imperfecta que le da sabor a la vida. Agradezco a la madre de un buen amigo con quien conversaba sobre esto, cuyo consejo fue: **"A pesar de los defectos del otro, cuando el amor es verdadero, sigue adelante".**

Por otro lado, hay mujeres que, por culpa de sus propios miedos internos, decepciones pasadas y baja autoestima, creen que no son capaces de tener un buen hombre a su lado. ¿¿¿Por qué?? Sigue pensando así y solo llegará a tu vida todo lo contrario para seguir reafirmándote la creencia de que todos son una caca de vaca. Así que si piensas de ese modo, cámbialo YA.

Tú también eres una mujer maravillosa que merece solo lo mejor del mundo. ¿Para qué pedir menos, ah?

Si a tu vida llega un buen hombre y que además tiene interés en ti, bájalo del altar antes de elevarlo, para que más adelante disfruten en lo más alto de la cima del cielo.

¡Todo me huele a ti!... ¿¿¿Serán las feromonas???

Les confieso que últimamente estoy "experimentando" para poder escribir desde lo que yo vivo. Esto es lo que llamo ¡¡¡*PERIODISMO DE AVENTURA!!!* *(y me encanta).*

Hace como un mes, una buena amiga me contaba, con los ojos brillantes y en tono de emoción, lo siguiente: "¡AMIGAAAAAAA! **Ese gel de feromonas para atraer a los hombres es ¡ALUCINANTE! Me lo compré, salí una noche y ¡no sabes el tipo con el que estoy saliendo!**". Los ojos se me desorbitaron y me brillaban también. ¿Un gel para atraer hombres? ¡Eso hay que demostrarlo!

Primero comencé a investigar: "… las feromonas son las responsables de la famosa cuestión de piel, que hace que sintamos una especial atracción sexual por determinadas personas, independientemente de otros factores de conocimiento o relación previa. Algo que explicaría también el llamado «amor a primera vista», que más bien se trataría de «amor a primer olfato».

Así que entré en una de esas tiendas eróticas a buscar un **perfume de feromonas**. Me encontré uno que se llamaba "**Vulva**": Dios, ¿se imaginan ir por ahí oliendo a eso? ¡jajaja!, así que opté por el ***Attraccion Perfume for woman***. Ok, al principio no sentí nada nuevo ni extraño. Yo estaba preparada para correr perseguida por una HORDA de hombres enloquecidos por mi bioquímica corporal. Estaba dispuesta a aceptar todo tipo de miradas ardientes a mi paso, a recibir los piropos pasados de tono y a soportar aglomeraciones masculinas a mi alrededor que me dejaran sin escapatoria ni salida (cosa que no soporto pero todo sería en PRO de mi experimento).

Los únicos en darse cuenta y notar "algo diferente" fueron dos amigos gays: **"Sí hueles rico hoy"**. COOOÑÑÑ..., ¡vaya mie... de perfume!!! ¿Será que mis feromonas son bipolares? A mi compañera de piso le dio un mareo impresionante. Como no tenía suficiente, y empeñada en obtener pruebas positivas, salí una noche con un amigo que sabía de mi experimento. Tampoco vi ningún cambio en su actitud "semiamistosa" de siempre. «**¡LLEVO EL PERFUME DE FEROMONAS, MIJITO!!!**", le dije, a lo que respondió: **"No he notado nada y eso que pensé que lo tenías puesto"** . Resultado: **FRACASO TOTAL**, ¡8 euros tirados a la basura!

Entonces, decidí volver a mi bioquímica natural de siempre, a mi alegría habitual y el resultado fue otro... cha chááááánnn. Al parecer, mi "olor natural", mi "perfume corporal" es directamente proporcional a mi **ACTITUD**. Un día en que casualmente estaba feliz, enérgica y muy alegre, este mismo amigo me dijo: **"Hoy hueles muy bien, no tienes el perfumito ese ¿no? Pues tu olor natural es el mejor"**... ¿qué tal?

Este pequeño "experimento periodístico" me ha llevado a pensar que muchos de esos productos comerciales solo son "elevadores" de nuestra actitud. Es como cuando te pones unos taconazos: te sientes más guapa; o cuando amaneces sintiéndote hermosa y todo el mundo te dice "¡Qué bella estás hoy!"... pues **debe ser porque es lo que reflejas cuando te sientes bien contigo**. Así que deja de gastar dinero en tonterías y potencia la alegría que te saca la sonrisa y la actitud positiva, aspectos que te hacen, sin duda, muy interesante.

No se preocupen si aún no llega la persona correcta... ¡sean felices mientras aparece!

¿Qué tiene ella que no tenga yo?

"¿Qué le vio, si es una gorda?".

"¿Has visto? ¡Mira a ese TAN GUAPO con esa novia TAN FEA!".

"Si esa cosa se casó, ¡yo tengo esperanzas!".

"Por favor, esa mujer no tiene un espejo en su casa. ¿Cómo va a salir así a la calle?".

"Seguramente la estúpida por la que me dejó no tiene cerebro... ¿viste lo buena que está? ¡Y COME LO QUE LE DA LA GANA! Pero eso es genético, no tiene mérito... Amiga, la tipa es una Bruuuuuuta!!!! Seguro que tiene de oro "la que te conté...".

Y paro de contar, lo crean o no son de la vida real...

¡Qué mala es la envidia! Y la hemos padecido TODAS. Nos pasamos la vida comparándonos con cuanta mujer se nos cruza, o con la exnovia de mi novio, o con la nueva novia de mi ex, o con la modelo de la revista, con las de la tele, con la vecina, la amiga íntima... ¡CON QUIEN SEA!, consciente o inconscientemente.

Diariamente me encuentro escuchando frases y observando historias donde nosotras protagonizamos miradas odiosas hacia otra mujer **"más guapa"** o con más culo o con menos barriga o con un novio divino... pero siempre es con algo que queremos y no tenemos.

Posiblemente los estereotipos, los certámenes de belleza, la publicidad nos han llevado a vivir en este estado paranoide de comparación que nos impide muchas veces vernos en nosotras mismas y no a través de lo que no somos... ni seremos, porque somos seres únicos. **¡Somos unas inconformes por naturaleza!**: si somos morenas, queremos ser rubias; si tenemos el cabello liso, queremos rizarlo; si somos bajitas, usamos tacones para vernos más altas aunque nos maten los pies; si no tenemos tetas, nos las mandamos a poner... las que nos hacemos maduras, queremos ser jovencitas y llegamos a comportarnos como ridículas. Y ¡¡¡¡TODAS QUEREMOS SER FLACAS!!!! Pero ¿se imaginan lo aburrido que sería un mundo lleno de puras flacas?

Recuerdo que en mi grupo de amigas teníamos una que llamábamos **"el anzuelo"**: estaba TAN BUENA que decíamos, a modo de "chistecito", que la sacábamos de primera al centro de la pista para llamar la atención de los hombres y después salíamos las "simpáticas"... ¿triste, no?

Pero creo que aún peor que compararnos entre nosotras es **desvalorizarte** ante los demás por lo que tú misma piensas de ti. En mi época "oscura", cuando estaba con un novio nefasto que estaba acostumbrado a salir con TOP MODELS (todas frígidas, jejeje), me encontré luchando con mi propia autoestima y me vi diciendo las siguientes frases de sentencia: "¿Qué haces tú conmigo?", "¿Cómo me puedes querer a mí?". Supongo que dejé de parecerle interesante a partir de esas tontas preguntas. Me sentía amenazada por el fantasma de cómo mínimo 7 u 8 Barbies que pasaron por su vida antes que yo, aterrorizada de que me dejara por otra más flaca y muerta de miedo por no ser lo suficiente a su lado, comparándome y compitiendo con cada tía que se le acercara a saludarlo sin ninguna doble intención... Lo más divertido es que jamás me fue infiel, ni me dejó por nadie... me dejó POR MÍ.

Y yo me pregunto: ¿vale la pena vivir comparándose con algo que no eres? En lugar de preguntarnos "¿qué tiene ella que no tenga yo?", deberíamos plantearnos: **¿qué TENGO YO?** ¿No es más fácil comenzar a conocerte y potenciar esas cosas que te hacen ÚNICA? Porque déjame darte la buena noticia que la experiencia ha puesto por delante de mis narices para que me diera cuenta de mis errores, y es que los hombres se enamoran de ese "no sé qué" que te hace ÚNICA Y DIFERENTE. POTÉNCIALO, sácale brillo a tu gracia, a tus caderas, a tu sonrisa, a tu creatividad en la palabra y a lo más maravilloso que tenemos, SER FEMENINAS Y AUTÉNTICAS.

¡Los zapatitos me aprietan!

Estaba antojada de unos zapatos, ¿qué mujer no se antoja de unos zapatos? Te imaginas con ellos, pasas por delante de la vitrina suspirando... ¡algún día me los compraré! Y cuando vas a comprarlos no hay de tu talla. Es TAL la obsesión que igualmente te los llevas, aunque ya sabes de antemano que te molestan y que a la larga te harán mucho daño.

Estaba antojada de un hombre, ¿qué mujer no se antoja de un hombre? Te imaginas con él, pasas por delante de su casa suspirando... ¡algún día será mío! Y cuando sales con él no es lo que esperabas. Es TAL tu obsesión que igualmente te lo llevas, aunque ya sabes de antemano que te molesta y que a la larga te hará mucho daño.

Hay zapatos de todos los estilos, muchas se decantan por los zapatos altos, para verse más "interesantes" (son zapatos que les matan los pies y sufren mucho... pero "en las alturas"). Otras acumulan zapatos viejos, zapatos rotos, desteñidos, que usan de vez en cuando porque les van "cómodos", pero que también ocupan mucho espacio en el armario. Hay de las que compramos zapatos baratos, claro, la crisis está como está. Así que nos dejamos deslumbrar por estos zapatos que parecen "de verdad", pero que HUELEN A PLÁSTICO, esos son zapatos que duran dos días... y a la basura. Y también hay de las que deciden que no quieren sufrir más ampollas y callos, así que optan por un zapato de buena calidad y sobre todo que les siente como un guante.

¿Verdad que es muy incómodo que un zapato te quede apretado? ¿Te has dado cuenta de que un zapato así te cambia el humor, y llega un momento en que no puedes ni caminar? ¿PARA QUÉ LOS LLEVAS PUESTOS?, me pregunto, ¿porque tus amigas te dicen que son bellos y te quedan de maravilla?

Leía en un libro muy interesante sobre el tema de la **impostura**. Hay mujeres que tenemos la necesidad de encajar en la vida del otro para sentirnos queridas, y cambiamos, sonreímos y nos conformamos ante la incomodidad para no perder a ese otro. Nos "adaptamos", "nos apretamos", hacemos lo imposible por "ocultar" lo que consideramos nuestros defectos para que el otro nos sienta "perfectas", pero **¿cuánto tiempo se puede sostener una vida así?** Ojalá pudiéramos meter al tipo en el congelador para que se estire si sentimos que nos molesta para caminar. (Busca en Youtube cómo estirar un zapato y verás de qué hablo).

Insisto con los cuentos de hadas y esta vez les ha tocado a las hermanastras de Cenicienta. Les transcribo literalmente lo que cuentan los hermanos Grimm en **la verdadera historia de Cenicienta:**

"Las hermanastras se alegraron con esta noticia porque **tenían pies hermosos**, y la mayor tomó el zapato para probárselo en su recámara. Sin embargo, no pudo meter su gran dedo gordo, a lo que su madre tomando un cuchillo dijo: **"Córtate el dedo, porque si eres reina ya no necesitarás caminar"**. Así lo hizo, metió su pie en el zapato y bajó a enseñárselo al príncipe".

La otra hermanastra ¡SE CORTÓ EL TALÓN! POR DIOS, esto en lugar de un cuento de hadas parece una película de **CINE GORE**...

Aunque Disney intentó suavizar la historia, no nos sirvió de nada (GRACIAS). ¡Mutilarse para casarse con alguien! ¿Mutilarse para no caminar más nunca por nuestros propios pies? Es como mutilarse las diferencias de opinión, los sueños, los amigos, la familia, los gustos propios para que alguien te quiera: ¡NO, GRACIAS! Yo prefiero que alguien me quiera tal y como soy: COMPLETA.

Pero OJO, mujeres, también hay de las que han decidido estar descalzas por la vida y no llevar zapatos nunca más... al principio duele mucho, pero te vas haciendo una capa protectora para evitar el dolor, que con el tiempo llega a ser tan dura que también puede evitar el amor. ¿Es eso lo que quieres?

Les aseguro que nada como estar felices con un buen zapato que nos quede como anillo al dedo.

No vuelvo al país de Nunca Jamás, ni que me echen un ¡polvo mágico!

"Debes girar en la segunda estrella a la derecha, volando hasta el amanecer", me dijo. Yo sabía que quería estar con él a toda costa, estaba enamorada, así que decidí volar con él hacia "Nunca jamás" ("Nunca jamás me comprometeré contigo", "Nunca jamás diré toda la verdad", "Nunca jamás seré responsable por lo que hago y digo", "Nunca jamás maduraré emocionalmente"... ¡Qué DIVERTIDO! El tortazo aún me duele.)

El 1983 el Dr. Dan Kiley postuló el **síndrome de Peter Pan** en el libro *The Peter Pan Syndrome: Men Who Have Never Grown Up* y sostuvo que lo sufren tanto hombres como mujeres que no quieren crecer. Aunque por fuera se ven muy adultos y desenvueltos, con una interesante dosis de narcisismo y egolatría, son inmaduros, irresponsables e incapaces de comprometerse emocionalmente con nadie.

"No quiere comprometerse, pero él es así", "Le compré una moto, pobrecito, no tenía como movilizarse...", "No me trata como quiero, pero me necesita", "Después de todo lo que hice por él, salió despavorido", "Todo iba bien y un día sin más desapareció", "No le pienso llevar la contraria, tengo miedo a que me deje otra vez", "Mi amor lo va a cambiar"... no saben la de veces que he escuchado expresiones como estas, y la de veces que yo misma me he escuchado diciéndolas. Estas son expresiones típicas de una **WENDY**.

Si detrás de un buen hombre hay una gran mujer, pues detrás de un Peter Pan, siempre hay una Wendy. Resulta que también existe un síndrome de menores consecuencias y más fácil de resolver terapéuticamente si el paciente lo hace consciente y es el **síndrome de Wendy**.

En la novela fantástica de J. M. Barrie ***Peter Pan***, el personaje secundario es **Wendy Darling**, una niña que estaba decidida a crecer. Peter decide llevarla a Neverland para impedirlo. El tipo hasta aceptó llevarse a los hermanos de ella, con tal de seguir siendo el protagonista de sus cuentos. Ella estaba enamorada de Peter Pan, tan enamorada que era incapaz de llevarle la contraria. Estaba decidida a competir con un hada que ni siquiera hablaba, a ser la MAMÁ de él y los "niños perdidos", aunque él no sintiera amor por ella, con tal de estar a su lado... (¿*heavy*, no?, y eso era lo que veíamos de chiquitas con tanta ilusión... todas queríamos ser Wendy, ¡vaya personaje!).

Los que sufren de síndrome de Wendy, tienen miedo al rechazo, a la carencia afectiva, miedo a que los dejen, sufren de dependencia emocional. Se creen indispensables e imprescindibles, ejercen de madres (o padres) de sus parejas protegiéndolos y justificándolos todo el tiempo. Complacer a los demás es la premisa principal, no soportan que nadie a su alrededor se enfade y lo evitan a toda costa. El amor es sinónimo de sacrificio, resignación y preocupación por el otro a costa de su propia felicidad.

¿Tiene cura? Sí, porque no es una patología como tal. En el momento en el que aprendemos a decir NO y a darnos cuenta de cómo actuamos en ciertos momentos, la cosa comienza a mejorar. **NO a los inmaduros**. "Alguien que no alcanza la madurez necesaria como para ponerse en el lugar de los demás y prever consecuencias provenientes de su comportamiento es, con respecto a las relaciones, como un niño de 7 años al cuidado de una cristalería", cito textualmente del libro *Cómo mandar a la gente al carajo, en 10 fáciles lecciones*, de César Landaeta (en el "carajo" está un gentío que he mandado yo gracias a este libro).

Hay que aprender a poner límites con nuestras relaciones afectivas, familiares y laborales, a decir "NO ME APETECE" sin remordimientos (frase mágica que he aprendido en España) y, cuando nos encontremos con alguien que no es capaz de tomar responsabilidad de su propia vida, no creernos héroes que venimos a rescatarlos...

Wendy tenía alas y no necesitaba a Peter para volar, pero tal vez no lo sabía. Todos tenemos alas para volar a donde queramos, la decisión está en la madurez de saber cuál es el momento o la persona adecuada con quien a arriesgarse a desplegarlas...

¿Alérgica al "nosotros"?... ¿¿Yo??

"YO" es el pronombre personal favorito de muchos. Sobre todo cuando te ha tocado pasar por muchos "nosotros" que te han dejado más sola que la una, reubicando los pedazos del alma para reconocerte de nuevo. Nos es TAN cómodo **acostumbrarnos a la soledad**, que se nos pasa de largo el hecho de establecer relaciones profundas a nivel emocional y todo lo dejamos "por encimita" y limpiamos "por donde pasa la suegra para que no se vea el sucio".

Muchas, por culpa de la tan deseada "independencia", nos convertimos en "mujeres biónicas" con un manual muy complicado de descifrar. Y se nos pasan los años hasta que te das cuenta de que el mundo real está rodeado de "duplas". Comenzamos a utilizar más los **pronombres posesivos** MI casa, MI espacio, MIS amigos, MI vida, MI tiempo... MI SOLEDAD (eso me dolió).

Una vez estuve "tonteando" con un hombre que, cuando salíamos, utilizaba mucho la primera persona de los pronombres personales en PLURAL delante de la gente. Sus palabras favoritas eran "NOSOTROS", "SOMOS", "VAMOS". Él, en su afán de compartirlo TODO, se empeñaba de comer del mismo plato, de pedir el postrecito con dos cucharitas, de tomar del mismo vaso (ni que yo fuera la perrita de *La dama y el vagabundo*)... ¡me daba prurito! Cuando decía el "QUEREMOS", "SENTIMOS", "PENSAMOS" (a esas palabras coloquen el **"nosotros"** adelante y vuélvanlas a leer),

¡¡YO NO PODÍA RESPIRAR!!¿Quién le había dicho al amigo que tenía permiso para pensar por mí? ¡¡¡EDEMA DE GLOTIS!!! Sí, me daban tales ataques de pánico que colocaba mi muro de contención personal cada vez más alto, tan alto que no volví a saber de él.

Somos como las princesas del reino que se hacen amigas del dragón del saboteo y negocian con él para que despiste al príncipe, que no llegará nunca a "rescatarlas". Pero, en el fondo, nos morimos porque alguien nos acompañe, nos abrace, nos haga parte de sus vidas y nos ame...

Supongo que cuando se ha pasado muy mal en el pasado, enfrentarnos de nuevo a una relación no es nada fácil y más si hemos estado **demasiado tiempo solos** (bueno el cilantro, pero no tanto): perdemos el tono, perdemos el entrenamiento, la musculatura del corazón y de otras partes nobles que quedan fuera de forma... sobre todo si llevas muchos años fuera de *training*. Te acostumbraste a TUS cosas y a tu **vida en soledad**, y meter una persona en tu cama puede que sea fácil, pero en tu vida no. Es normal, hay que reeducarse, pensar que ya no eres tú y tu mundo ideal, sino que hay otra persona que ahora viene a acompañarte y puede que se canse de tu individualismo. Hay que llegar a un acuerdo para marcar los espacios y las necesidades de cada quien.

Recuerda que la única persona que puede perder su individualidad eres tú misma cediendo todos tus espacios y gustos por y para estar con alguien (cuando los tengas claros no los vas a dejar de lado) y la persona que te ame de verdad aceptará tu tiempo y tu espacio, seguramente porque él tendrá los suyos. Aprendamos a ver al otro no como ÉL o ELLA, sino como otro YO que en plural es NOSOTROS.

Si quieres alguien sincero, comienza por no engañarte tú.

¿LA MEDIA NARANJA? ¿SOY LA MITAD DE ALGUIEN? ¡¡NOOOOOO!!

Cuando me hablan de naranjas, inmediatamente me concentro en "la piel de naranja", llamada "celulitis", que tanto nos machaca la publicidad, o me recuerda al té de naranja para adelgazar: AMARGO. Pero cuando tengo que entender que existe una **"media naranja para mí"**, inmediatamente me da la sensación de estar incompleta.

¿Media YO? La verdad es que me vendría fabuloso tener la mitad del volumen corporal, pero no la mitad de los sentimientos, ni la mitad de la inteligencia, ni la mitad de los valores que tanto les ha costado a mis padres enseñarme. Es como esperar que la mitad de mí viniera a ayudarme a respirar mejor, a pensar mejor y a que mi corazón lata correctamente. Entonces, ¿siempre falta algo? ¿Siempre hay carencia?... ¿Siempre estoy a medias?

Si curucuteamos en el origen del concepto MEDIA NARANJA, debemos remontarnos a la obra de Platón llamada *El banquete*, donde el poeta de comedias griego Aristófanes narra el mito. Cuentan que al principio del mundo, la raza humana era casi perfecta. Éramos seres esféricos (entonces algunos seguimos siendo perfectos, jajajaja), redonditos como las naranjas y teníamos dos caras opuestas sobre la misma cabeza (joder, qué triste, no podíamos darnos besos). Teníamos cuatro brazos y cuatro piernas, y para desplazarnos lo hacíamos rodando. Lo más interesante de esta historia es que también Aristófanes nos habla de que había tres tipos de seres, hombre y hombre, mujer y mujer y uno que le llamaban "andrógino", que eran hombre y mujer. Como eran tan vanidosos, se enfrentaron a los dioses porque creían que ellos también lo eran (cuidado que hay algunos que aún se quedaron en la nota). Y Zeus los castigo partiéndolos con un rayo, y le ordenó a Hermes que les girara la cara hacia su sexo. Desde entonces, estos seres, llenos de dolor, andaban por el mundo tristes, buscando su otra mitad y regalándose el placer supremo al unirse nuevamente, si la encontraban.

¿Te imaginas lo aburrido que sería estar buscando a alguien que sea exactamente como tú? Yo conozco parejas que llegan a mimetizarse tanto que hasta se parecen físicamente. Conozco parejas que llegan a fusionarse tanto que uno piensa por el otro, pide por el otro y hasta habla y decide por el otro. Conozco parejas que se aburren en compañía del otro, porque el empalague es TAN GRANDE que ya se les acaba el tema de conversación. *"Pero es mi media naranja"...* ¡Sí, cómo no! **"Cuando los hombres y las mujeres son capaces de respetar y aceptar sus diferencias, el amor tiene entonces la oportunidad de florecer"**, bien lo dice John Gray en su libro *Los hombres son de Marte y las mujeres son de Venus*. Somos diferentes y tenemos cosas en común, y enamorarse no está en discusión, nos enamoramos igual.

Más allá de buscar ese ser "perfecto" que venga a ***completarnos***, habría que cambiar el enfoque y pensar que ese ser especial viene a ***complementarnos***. Una pareja son personas diferentes, con sus gustos, sus manías y sus sueños, que vienen a probar si el camino en conjunto es posible, siendo respetuosas de sus aficiones y sus deseos... Creo que de eso se trata el amor.

Espero que, de ahora en adelante, los que aún estamos en la búsqueda de una pareja, lo hagamos desde la alegría, desde la confianza en que un día llegará esa persona completa con quien podamos hacer un *zumo divino*. Y que, cuando lo encontremos, no seamos tan vanidosos ni nos creamos en centro del mundo porque puede llegar Zeus y decir "¡que los parta un rayo!".

La barajita "repetida"

Cuando era niña era adicta a los álbumes de barajitas y a intercambiar con mis amigas del colegio las que me faltaban, ¡¡¡los llegaba a llenar todos!!! Mi mayor decepción era que cuando abría el sobrecito donde venían las barajitas: CASI TODAS ME SALÍAN REPETIDAS. Mis pataletas no eran normales. Y me pregunto: ¿qué me pasó a mí? ¿Mi inteligencia emocional se dañó con los años? Porque se me repiten más que el AJO el mismo estilo de hombres y ¿ya no hago pataletas? ¡¡¡PEGO ESAS BARAJITAS UNA ENCIMA DE LA OTRA!!!! Y NUNCA LLENO EL ÁLBUM.

¿No les ha pasado que muchas veces pasan por relaciones y situaciones MUY parecidas? Yo he tenido parejas que parecen cortadas por la misma tijera. Las mismas frases hechas, la misma dinámica en la relación, la misma manera de tratarme, lo mismo, lo mismo, lo mismo. Algunas veces hasta sentía esa especie de *déjà vu* y me decía a mí misma "Esto lo he vivido antes ¿o lo soñé?". Hasta que un día desperté y ME DI CUENTA. Estoy convencida de que todo comienza por el "darse cuenta" de que lo que estás atrayendo a tu vida son el mismo tipo de situaciones una y otra vez.

Ya has vivido algunas experiencias, ya te han roto el corazón anteriormente, ya sabes los gestos, las palabras, las actitudes y a pesar de que te lo GRITAS desde adentro, la necesidad te lleva a aceptar ciertas cosas por las que no quieres volver a pasar. Sabes que no deseas vivir exclusivamente para el otro, que tus sueños también son importantes, que tu tiempo es valioso y a pesar de todo esto y de que lo sabes, agarras la barajita, sacas la pega y... vuelves a caer.

Cuántas veces he escuchado a mis amigas decirme: "He pasado varias veces por lo mismo", ¿Qué estoy haciendo mal para que siempre me encuentre con un tipo de estos"?, "Siempre es igual, al principio se pinta de maravilla y con el tiempo me siento asfixiada", "Necesito mi espacio, pero me da miedo decirlo porque me dejará", "No quiero volver a pasar por lo mismo, ya me han hecho mucho daño", "Volvió a engañarme y yo lo sabía pero no quería darme cuenta"... La clave está en aprender a escucharnos más, a ver las señales de nuestro cuerpo cuando se presentan y a tener muy claro lo que queremos y lo que no queremos... y decir NO a tiempo.

Hay que confiar en nuestra intuición en todo momento y estar alertas a lo que esas voces "tipo esquizofrénicas" nos dicen. Puede que pierdas una oportunidad, pero no te quejes si aceptas ciertas cosas, porque ya sabías lo que había. No podemos desesperar, si aún no tenemos lo que queremos debemos ser consecuentes con nuestras intuiciones y estoy segura, espero que así sea, de que más temprano que tarde se presentará la oportunidad que realmente te haga feliz. Y me despido con este pensamiento de Gandhi: **"No escuches a los amigos cuando el amigo interior dice: ¡Haz esto!"**.

Vamos a dejar de victimizarnos y de echar la culpa siempre al otro. A fin de cuentas, la única responsable de pegar las barajitas en el álbum de tu vida eres tú.

¿Amigos sexuales? Abróchate el cinturón

La experiencia de montarse en un avión es para muchos "agradable", casi todos en el mundo lo hemos vivido. Hemos disfrutado la sensación *taquicárdica* cuando acelera para despegar, la emoción casi pasional cuando se eleva y la tranquilidad en el estómago cuando se apaga la luz del cinturón de seguridad, lo que indica que será un vuelo tranquilo hasta pisar tierra nuevamente. Mi vuelo de regreso a España fue TURBULENTO... 7 horas de turbulencias sin parar. Esto es para locos, esas turbulencias son muy parecidas a las que se tienen en el estómago cuando vives **"sin cinturón de seguridad"** una relación de **"amigos con derecho a roce"**.

Hemos hablado en otras oportunidades de que de la amistad al amor hay un paso muy corto. Para mí, **es un tipo de amor que no llega a cuajar en sexo**... pero ¿qué pasa cuando se pasa la frontera?

Vamos a definirlo: **los amigos sexuales** son "colegas" o "panas", que saben que no se van a casar, que no van a tener hijos, que no tienen una relación culturalmente aceptada, que casi siempre es "escondida del mundo" (lo que la hace más interesante). Ella no es una princesita de cuento y él no es su príncipe azul, son solo dos personas que se quieren mucho, se divierten, se la pasan bomba y sexualmente funcionan de maravilla. Es una relación por la que optan hombres y mujeres que no tienen pareja (OJO, esto es importante para definir el concepto, es decir, no están casados y no salen formalmente con otro), que únicamente buscan satisfacer esa parte tan deliciosa de la vida, EL SEXO, y compartirlo con alguien que les da confianza y distención en ese sentido. Es una relación de amantes con "cero rollos mentales", en la que nadie espera nada del otro, solo un buen rato de sexo casual y buena relación de amistad... y que cuando termina será sin rencores, ni víctimas (no saben todo lo que hay que pasar para que este concepto funcione tal cual...).

Tengo una buena amiga que me contó su historia con un excelente amigo de esos de toda la vida, con quien tiene una relación de este tipo. Son amigos desde hace más de 20 años y un día se dieron cuenta de que su amor de amigos era tan grande que necesitaban expresarlo sexualmente. La atracción entre ellos se hizo insoportable. Por aquella época, ella complicó su cabeza pensando que podría ocurrir algo más (y eso es bien común que pase) hasta que dieron el paso hacia los besos y la buena cama: un éxito. Con el tiempo, mi amiga aprendió que tener sexo con él era muy interesante porque podía ser ella misma con toda libertad y porque no querían ser pareja, ni nada: simplemente vivir lo que deseaban en el momento. Ellos superaron el trance de **"la parejita infeliz"** y su amistad se afianzó fuertemente (son contados los casos, pero sí pasa).

Hace unas semanas, tropecé con otra vieja amiga que había vivido algo así con un amigo- amante... y estaba furiosa porque este señor le había dejado embarcada (y eso que él la llamó para disculparse, como un buen amigo haría). Yo le dije: "Tú aceptaste las condiciones, si de verdad fuera *tu amigo*, no estarías así de molesta, revisa lo que sientes, déjalo estar y no te quejes".

Hay que saber a lo que se va, no nos podemos engañar a nosotros mismos porque estamos hablando de una relación **"entre**

amigos", que se supone que se quieren y se respetan, y es muy delgada la línea que separa el afianzar la amistad o destruirla para siempre. Creo que debemos ser libres con lo que queremos hacer con respecto a nuestra sexualidad, y muy responsables con nuestra salud física y mental. Mi hermano me dijo una frase muy interesante en este sentido: "El hombre madura cuando puede decir que NO sin remordimientos… y la mujer madura cuando puede decir que SÍ sin remordimientos".

Cuida mucho a tus amigos, que es de las mejores relaciones que puedes tener en la vida, son los que duran "si son de verdad" para siempre, y si te toca un vuelo emocionante con alguno, tú has de ser responsable de hacerlo tranquilo y sin turbulencias. Así que disfrútalo hasta que aterrices y vuelvas a poner los pies en la tierra, pero, eso sí, sana y salva…

El lunes empiezo... Qué lunes, ¿el que odias?

"No dejes nada en el plato" "Los niños de África no tienen que comer", "Cómetelo todo o no juegas", "Es pecado tirar la comida", "Con la comida no se juega, "Qué hombre te va a querer con esa gordura", "Con esa cara tan linda y tan gorda...", "Para ti no hay talla", "Tienes demasiada cadera", "¿No pensarás estar así de gorda para la boda de tu hermana?", "No tienes fuerza de voluntad" (*¿y quién va a tenerla comiendo pescado hervido con lechuga triste?*)... y una larga lista de frases que nos han destruido a la mayoría de las mujeres del mundo.

No sé aún por qué motivo comenzamos las dietas los LUNES (con lo pesado que es volver al trabajo después del fin de semana para tener que hacerlo desayunando zanahoria...). Yo he vivido muchos años en el eterno YOYÓ y he hecho las dietas del repollo, de la hamburguesa, la Scardale, la de proteínas, de la grasas, la de la alcachofa, la de la naranja (esa cosa AMARGA Y HORRIBLE), la de las merengadas y con pastillas. Cuando salía a caminar, me cubría de cremas reductoras con papel plástico para sudar, y tenía mi casa llena de los inventos del mundo de las teletiendas.

Nutricionistas, psicólogos, terapeutas de todo tipo y quién sabe cuántos más intentaron ayudar a mi cerebro... a mi hambre compulsiva de amor. LLEGUÉ A TENER ENCIMA 120 KILOS DE DECEPCIONES, 120 kilos con los que me envolví para que nadie se acercara a mí a hacerme daño... Claro, como "a las gordas nadie las quiere..." (LA creencia).

Adelgacé para una boda y volví a engordar; adelgacé para un viaje y de nuevo arriba (y en el mismo viaje); adelgacé para que el tipo que me gustaba me mirara... (y no me miraba igual) y de nuevo arriba... ¡¡¡mi peso me tenía miedo!!! Me pesaba tres veces al día, estaba obsesionada... Me cantaba "Soy una vaca lechera" y mis tallas eran L de Linda y XL de EXTRA LOCA. Siempre adelgazaba para algo o para alguien... nunca para mí.

Nací en Venezuela y en el país de las "Misses" estar gorda es UN DELITO. Un país en el que no encontraba ropa, en el que los gimnasios y el rollo *FITNESS* son para las flacas, en el que DEBES estar buena hasta para encontrar un trabajo decente... uff. Esa pasión por la nevera porque la comida siempre está y no te deja por otro (con razón muchos gorditos están solos)... **La comida puede convertirse en una adicción** como las drogas y al final es una droga física y emocional. Los desórdenes alimentarios pueden llevarnos a situaciones irreversibles para la salud como la bulimia y la anorexia.

Tener kilos de más no es bueno para la salud, pero la desesperación por ser más delgada de lo que tu cuerpo saludablemente te permite tampoco lo es. Con el tiempo, aprendí gracias a mucha gente, talleres, libros y vivencias que se puede adelgazar para siempre, pero primero debemos adelgazar desde el cerebro, porque el gordo se lleva dentro (y para eso hay que pedir ayuda)... Los miedos de no ser aceptados, sexualmente atractivos y amados nos matan a los gorditos. El miedo al abandono, a que no nos tomen en serio siempre está, así adelgaces y estés en tu peso... ¿EN QUÉ MOMENTO NOS MANDARON A ADELGAZAR PARA TENER DERECHO AL AMOR?

Lo más importante en todo este discurso, que se me hace corto (porque me toca personalmente) es que hay que arriesgarse a vivir las oportunidades, tengas los kilos que tengas... que eso no es un impedimento para ser deseables, amadas y mucho menos para enamorarse y sentirse BELLAS. Aceptarte tal cual eres, permitirte sentirte bien como estés y trabajar para cambiar lo que no te gusta, pero de manera saludable, con la premisa de que lo más importante de tu vida eres tú...

Si los ciclos son circulares... ¿cuándo se cierran?

Relaciones eternas, vaivén emocional, ex amantes que regresan, juegos sin futuro, amores platónicos, amar al imposible... y así una larga lista de historias que llevamos en nuestro bolso (y vaya que entran un montón de cosas).

Un día conversaba con una amiga MUY INTELIGENTE para expresarse con metáforas y personajes varios que me hizo entender de manera muy gráfica, casi a modo de cuento, lo que es dejar los ciclos abiertos interminables e infinitos.

Imaginemos que tu mente es una tienda de variedades: en la puerta, un **amor "indefinido"** regala publicidad sobre lo que ofreces y en la vitrina un **amante frustrado** hace un *striptease* a las chicas que pasan. Del otro lado de la vitrina, un **ex psicópata**, al que aún no perdonas, está amordazado e inmóvil. Dentro de la tienda, **un amigo con derecho** (con el que te diste unos besos alguna vez, pero que no llegaron a nada) ocupa la silla principal. En la caja, **tu primer novio** cuenta el dinero y hace planes de futuro de los que tú no formas parte. Y **aquel que te gustaba** tanto, que se casó, exhibe en un escritorio la foto de su mujer y su hija. Supongamos que un hombre bueno, con intenciones, interesantes y abierto al amor, pasa por la tienda y le gusta... DIOS, PERO SI ¡ESTÁ LLENA DE GENTE! Él pregunta al de la entrada, al que regala publicidad: "Oye, esta tienda ¿es tuya?". "No, pero aquí me tienen...". El hombre bueno, con intenciones interesantes pregunta esta vez al *stripper*: *"Oye, ¿tú bailas para ella?"*. *"No*, pero aquí me tienen...", y así a cada uno de los **"fantasmas"** que te invaden tu espacio. Al final, este tipo se cansa, da media vuelta y se va.

Muchas veces **dejamos abiertas historias con mucha gente**, que lo único que hacen es ocupar un espacio en nuestra vida, sin definición alguna. No sé por qué razón las mujeres (no sé si todas, yo por lo menos sí) decimos que las cosas terminan, pero siempre se mantiene un hilo (no sé si es a propósito o por masoquistas) que nos mantiene emocionalmente "atadas" y no nos permite dar paso hacia lo que esperamos de todo corazón: alguien de VERDAD, que nos ame DE VERDAD y con TODAS LAS GARANTÍAS CLARAS.

Yo no fui consciente de este estado hasta que me lo hicieron ver y estoy decidida a convertirme en cazafantasmas con un aparato como el de ***Ghost Busters***. Esperaré a que vengan todos esos muertos del pasado bailándome *Thriller* delante de los ojos y los exterminaré, muerta de la risa, para que dejen mi tienda en paz.

Muchas amigas me preguntan: "¿Por qué razón no llega esa persona que espero?". Y creo que no cerrar bien los ciclos del pasado es lo que no lo permite porque de alguna manera siguen atadas a ese recuerdo múltiple y desgastante.

¡¡¡LIBÉRATE!!! **CIERRA ESOS CICLOS.** Sal de ellos de un solo brinco.

Si hay alguien en tu vida con el que las cosas sean un tira y encoje, un yoyó insoportable sin sentido, PREGUNTA, habla, aclara el panorama para que tu imaginación no ocupe espacio innecesario. Si terminaste una relación con alguien, no le sigas llevando flores a ese muerto viviente, entierra su recuerdo de una buena vez y ponle un epitafio guapo que diga

"¡MUCHAS GRACIAS POR TODO!". Lanza por el balcón de un solo empujón al caballero ese que tarda una eternidad en darse cuenta de que estás allí como eres (PRECIOSA) y no es capaz de verte. No lo esperes más y regálale unas gafas adaptadas a su miopía (y esto va con hombres y mujeres).

Vive la vida… porque no saldrás vivo de ella, esto lo leí una vez y es la verdad, la vida es demasiado corta para tener historias sin final. Permítete conocer gente nueva, salir, hablar con desconocidos. Date espacio vital para ponerte en la vitrina de tu tienda, libre y abierta a que un nuevo transeúnte pase y se anime a entrar, a conocerla y a darse cuenta de la cantidad de cosas buenas que tienes para ofrecer.

Des-enamorarte: ¡tu montaña rusa emocional!

"Yo lo dejé y no pienso volver".

"Estoy de maravilla, ¿NO ME VES? Aunque a veces lo extraño".

"¿Será que lo llamo *amiga*? Es que no puedo entender cómo no me ha llamado todavía...".

"ESTÁ con OTRA ¿ya? Noooo".

"Si tú eres mi amigo, ¿por qué le hablas? Tú me conociste a mí primero...".

"No soporto verlo feliz... ¡¡¡ME HIZO DAÑO!!!".

"Todo está bien" (respira), "¡estoy feliz de la vida!... Jajaja... buaaaaa estoy hecha una mieeeee (**¡AMÁRRATE, LOCAAA!**).

El parlamento anterior es digno de una película de miedo y puedo asegurarles que todos o la gran mayoría hemos pasado por una experiencia así. Quisiera entender por qué el **EGO** del ser humano se afecta tanto cuando se termina una relación. Te conviertes en **víctima absoluta del UNIVERSO**, nadie sufre más que tú, todo gira en torno a lo que hace tu ex, con quién sale tu ex, cómo vieron a tu ex... al desgraciado ese "NOSENOMBRA" (que seguramente te hizo el gran favor de su vida al mandarte al quinto carrizo).

No podemos aceptar que nos dejen... **TÚ LO DEJAS**... a ti no te deja NADIE porque eres "perfecta". Quieres que la humanidad sea tu gran paño de lágrimas y que todo el mundo te dé la razón, así no la tengas. Yo llegué al punto de obsesionarme tanto que me coloqué una elástica en la muñeca y cada vez que ÉL me venía a la mente, me regalaba un golpe de dolor para no olvidar lo que me hicieron (si hay algún psicólogo que me lea, ya sabrá a qué atenerse conmigo). Lloras como una magdalena, ríos de boleros, eres un tango andante... ni todas las letras de Manzanero son suficientes para **nutrir** tu dolor... Sí, "nutrir", porque pareciera que nos ENCANTA sufrir. Se agotan los chocolates de la despensa, el helado de la nevera, los *kleenex* de la caja; caminas de un lado a otro de tu casa cual león enjaulado, sin saber qué hacer o adónde ir o con quién (eso te pasa por presentarle a tu ex a todo el mundo como lo mejor que ha pasado por tu vida...).

En este estado anímico, te montas en tu montaña rusa personal, en la que un día te ríes de él... y al otro lloras por él; un día lo amas... al otro lo odias. No hay puntos medios, ni grises ni bemoles. Te posees como la niña del exorcista, por un ser que en parte sí eres tú, pero que desconoces Y ESE ES EL MOMENTO DE LA GRAN BENDICIÓN. Conozco gente que pasa por situaciones parecidas una y otra vez, sin entender para que, cómo y por qué... se culpa, se regaña... y sin embargo, si vuelve a estar en la misma situación, es porque no ha aprendido todavía de la experiencia.

Cuando pasé yo por esta vivencia, se la conté a un amigo en una oportunidad. Yo sinceramente estaba esperando abrazos de consuelo, un hombro para secar lágrimas... y me encontré con la pregunta: "¿Hasta cuándo te vas a hacer la víctima?". En ese momento no entendía nada, pero, con el paso de los años, sí entendí. Las relaciones son de dos y ambos tienen responsabilidad en su funcionamiento. Me molesta mucho ver cómo algunas mujeres se victimizan **por el hecho de ser mujeres...** Ellos también se enamoran (y se despechan, entérate), sufren y lloran como tú. El desamor es un arte y hay que vivirlo porque ciertamente es un duelo: pierdes algo, sobre todo dejas ir una parte de ti con el objeto de tu amor. Hay que vivirlo sin machacarse tanto, porque al final cuando despiertas de tu letargo de dolor siempre agradeces que esa relación se haya acabado. Y agradeces el paso de cada persona por tu vida porque de todos aprendes algo.

Por lo pronto, aprendes a estar SOLA. Hay gente que no sabe estar sola... yo lo recomiendo. Estar solo un tiempo luego de dejar una relación es lo mejor que puede pasarte. Te conoces más, ves los errores cometidos, le das valor a lo que te gusta hacer, dejas de necesitar y aprendes a amarte. Quería hacer esta reflexión sobre el desamor porque mi experiencia no fue nada linda en su momento y los que la vivieron conmigo fueron muy pacientes y se lo agradezco. Quiero enseñarles que algo que puede ser horroroso, terrible y hasta trágico al principio, solo deja cosas MUY buenas. En mi caso, una **catarsis artística** que ha explotado mis talentos; me ha acercado a mis amigos y me ha permitido saber quiénes son sinceramente; me ha ayudado a conocerme, a aprender a quererme; a aprender a estar sola y a renacer de las cenizas como el Ave Fénix. Ciertamente aprendí de mi experiencia, le vi el lado bueno y sigo abierta al amor. Y, si me estás leyendo, quiero que sepas que hoy agradezco tu paso por mi vida, más de lo que puedes imaginar...

¿Vieja yo?... ¡Y a mucha honra!

Una de mis grandes amigas cumplió los 40. Cuando la llamé para felicitarla me dijo: **"Amiga, son 18 años de vida y 22 años de experiencia"**. Esa frase brillante me inspiró a abordar el tema del miedo a envejecer.

No sé por qué extraña razón pareciera que el cumplir años va dejando de ser maravilloso y que pasados los 30 y pico, se convierte en un calvario con muchas angustias. Y ni hablar de la mágica edad los 40, una supuesta "crisis" que padecemos las mujeres y los hombres también. ¡Juventud, divino tesoro! frase célebre que escuchaba de mi padre, pero "la juventud se va", eso es innegable, imparable e ¡insoportable!... (para muchos).

"¡Dile adiós a las patas de gallo para siempre con…!".

"Recupera la firmeza de tu piel ¡porque tú lo vales!...".

¡El colágeno recupera la lozanía perdida".

"¡Elimina la piel de naranja en 7 días!".

Caramba, como si tener arrugas y envejecer fuera horrible y se eliminara milagrosamente… ENTÉRENSE: TODOS LAS VAMOS A TENER TARDE O TEMPRANO.

Hace unas semanas, viví en carne propia los efectos de "sentir que te haces mayor", cosa que nunca antes me había pasado. Tengo un lindo y joven amigo que, sin querer y con toda su buena intención, me dijo que **"sería la novia perfecta para su papá"** (porque su papá es un ejemplo de hombre) y utilizó cariñosamente la expresión **"mamá gallina"**. ME MORÍ: ¡¡¡YO MADRASTRA!!!, ¿¿YO?? CUIDANDO POLLITOS ¡NOOOO! (Imaginarme rodeada de gatos es hasta más sencillo, lo traté de hacer con pollitos y me dio crisis de pánico). Automáticamente comencé a utilizar más cremas antiarrugas, pontingues, exfoliantes naturales y el estrés de abuela prematura se apoderó mí... como si de un robot subconsciente se tratara. Él tenía razón, no lo supe llevar bien en su momento y confieso haberme sentido presa de esa angustia: soy humana, mujer y mayor de 40.

"Ninguna mujer debería tener miedo a envejecer". El fin de semana conocí a una mujer de 45 años que me dejó con la boca abierta, está impresionante, fácilmente le calculas 20 años menos y es por todo, por su espíritu y lo guapa que es. Me comentó, mientras estábamos en la mesa, que su secreto es **"vivir el presente, el HOY"** y no me ocultó su edad como hacen muchas... Pues, amigas de mi vida, si para mantenerse así de fabulosas hay que vivir el presente, ¡COMENCEMOS HOY MISMO!

La juventud es una actitud, si bien los cirujanos plásticos y los esteticistas se forran a punta de cirugías y de inyectar Botox, nunca lograrán la **juventud emocional**, esa que te mantiene alegre, viva, con ganas de comerte el mundo sin importar el calendario. Esa actitud de seguir en búsqueda de tus sueños y saber que puedes lograrlos, esa juventud que se alimenta a base de experiencia, esa que te permite comenzar de cero una y otra vez sin pensar que estás llegando a los 30, a los 40 o a los 70... (con decirles que mi mamá baila reguetón y sus amigos son todos unos muchachos).

Cada edad tiene su disfrute, cada edad hay que vivirla a tope, plenamente. Al carrizo el verse en el espejo angustiados por las arrugas, la flacidez, las canas o la calvicie... Mi nona, a sus 111 años y en la cama, a punto de morir, cuando le preguntabas: "¿Cómo se siente, Nona?", ella siempre contestaba "¡MUY BIEN, DE MARAVILLA GRACIAS A DIOS, Y CADA DÍA MEJOR". Otra cosa que tenía, que es muy hermosa, es que cuando cumplía años y le decías: "¡Nona ya tienes 99 felicidades!", decía: "Nooo, señor, estoy comenzando a vivir los 100 años...". ESO ES ACTITUD, ¡y lo demás son pendejadas!

El hombre o la mujer que tengas a tu lado y te ame se enloquecerá con tus arrugas, amará tus canas y disfrutará de la experiencia de envejecer junto a ti. La diferencia es que, ante sus ojos, te verás como cuando te conoció. Así debe ser el AMOR.

¡ES UN AVE! ¡ES UN AVIÓN! ES...
¿SUPERMAN?... ¡NO, ES UN BUEN HOMBRE!

Hace unas semanas salí a bailar con un amigo muy especial (de esos que abundan a nuestro alrededor). Imaginen la escena: local latino madrileño, ganas de salsa en los pies y mucha gente. Entró al local una chica muy "liviana de ropa": pantalón ceñido a la cadera (pero muy bajito), pechos de afrodita, vientre plano, melena larga... una mami, pues. Yo la escaneé con lujo de detalles, hasta el color de la pintura de sus uñas. Días más tarde, estábamos este amigo y yo, reunidos con unos amigos hablando sobre la manera de vestir de algunas mujeres e inmediatamente recordé aquella mujer, y comienzo a describirla y le digo a él: "¿No te acuerdas?, ¡si la teníamos al lado...! Sí, sí, sí, ¿ahora me vas a decir que ni la viste?". A lo que respondió algo así: **"No, si yo estaba contigo, cómo me voy a fijar en nadie más"**. Me dejó *KNOCKOUT* en el primer round. Y no es una frase hecha, me consta que lo dijo de corazón... el problema es que tenemos un concepto tan poco válido de los hombres, que, cuando nos dicen cosas como esta, pensamos que solo lo hacen para quedar bien y muchas veces no es así.

Muchos hombres que me leen me han solicitado "flores" y están en lo correcto (lo prometido es deuda). Suelo referirme a muchos aspectos distintos de las relaciones, pero no había regalado mis líneas a los maravillosos hombres que me rodean y me leen. Gracias a la queja de varios de ellos, he pasado un tiempo inspeccionándolos y viendo a mi alrededor para hacer un homenaje a los hombres buenos, que sí existen y que realmente valen la pena.

"¡Ya no hay hombres!", "Los hombres buenos están ocupados", "¿Se casó fulano? Ay chicas, ¡uno menos!", "Todos son unos patanes", "Y me lloró suplicando... ¿voy a creer yo en lágrimas de cocodrilo?", "¡Que pague! Para eso están...". Esas expresiones la he escuchado y mucho.

Yo creo que algunas veces las mujeres perdemos la perspectiva, sea por una mala experiencia o porque se ha tenido mala suerte en el camino. O por no saber escoger y **tener la mala costumbre de meterlos a todos en un mismo saco**... Pero hacemos mal. Permítanme decirles, mis queridas mujeres, y a modo de NOTICIA, que si abrimos los ojos además del corazón, y logramos ver a los hombres como SERES HUMANOS y no como SUPERHÉROES, podemos llevarnos gratas sorpresas.

A los hombres por naturaleza cultural se les prohíbe llorar, porque eso es de mujeres (pobrecitos con lo bueno y liberador que es); se los etiqueta de "maricones" si tienen sensibilidad (y ojo, yo amo a los gays); se los obliga a tener un puesto de poder en la sociedad (qué presión); se los mira mal si a cierta edad no tienen suficiente dinero como para formar una familia (allí es donde usan la frase obligatoria "No tengo nada que ofrecerte..."); se los presiona para que tengan sexo con cuenta mujer se les presenta porque eso SÍ ES DE HOMBRES. Chicas, ellos pasan por los mismos tragos amargos que nosotras: se enamoran, sufren, sueñan, creen, se decepcionan tanto o más que nosotras... y también se deprimen. En algún lugar hay un hombre ideal que sabe cómo quererte y hay hombres buenos que no son aburridos, pero siempre terminamos fijándonos en el más "divertido", ese por el que terminas llorando y no precisamente de la risa.

Yo he estado rodeada de hombres buenos durante mi vida (empezando por mi papá) y en mi momento actual, y no tengo ni la más mínima duda de que ustedes, si afinan el ojo, también los sabrán ver. Comiencen con sus familiares, luego por los amigos… seguramente hay alguno que es excelente como persona, sensible, dulce, cariñoso, que sabe escuchar, buen esposo… Véanlo, miren como se expresa, descubran la bondad de la que es dueño… y comiencen a proyectar estas características en los nuevos hombres que pueden estar en la mira de una futura relación. **Lo que llega a nuestra vida es en lo que ponemos la atención.**

Un hombre bueno hace lo que dice, no te deja esperando, presta atención a lo que cuentas, te mira fijamente a los ojos con la transparencia que lo caracteriza, no te hace sentir angustia ni desesperación ante un teléfono, es claro y honesto, trata a su madre y a sus amigas con cariño, es feliz con tus logros, no envía mensajes confusos, nunca te hará sentir mal contigo misma y le gustas tal cual eres… **y, si te quiere, te lo va a hacer saber sin vacilar.**

Olvídense de expresarse acerca de los hombres como si todos fueran iguales, nada más lejos de la realidad. Si tienes pareja, o un chico que te gusta o un buen amigo, invítalo un día tú, hazle un detalle, regálale una rosa… No esperemos que ellos lo hagan todo, no es justo, porque ellos también esperan a ser sorprendidos de vez en cuando.

Soy ¡independiente!... ¿Por qué huyes, cobarde?

Según la Real Academia Española, INDEPENDIENTE significa "Que sostiene sus derechos u opiniones sin admitir intervención ajena", "Que no tiene dependencia". Mujeres exitosas, profesionales, que viven solas, madres, trabajadoras, libres de pensamiento, mujeres emprendedoras, empresarias y con carácter. Las **MAL LLAMADAS** (por algunos) *cuimas, solteronas, estrechas, marimachas, arrechas, histéricas, amargadas, falta de macho* y *liberales* ¡existimos! Y somos mayoría.

Una mujer independiente, y esto no solo tiene que ver con la economía, es una mujer libre emocionalmente y de pensamiento, que sabe poner límites y que se arriesga a vivir. Una mujer cuyo éxito sobrepasa los planes que la sociedad nos impone culturalmente y se lanza a la vida, muchas veces sin paracaídas. Una mujer que se casa y que tiene una relación de igual a igual sin caer en feminismos absurdos.

Cuántas veces he escuchado "¿Será que él me tiene miedo?", "Salimos una noche, la pasamos de maravilla, le conté sobre mis planes de la empresa y desapareció", "¿Puedes creer que mi novio me dijo que me dejaba porque tenía demasiada iniciativa en la cama?", "Yo estoy sola porque ningún hombre soporta que tenga éxito...", "No volvió a llamar... y eso pasó apenas me compré el apartamento nuevo ¿qué culpa tengo yo de que él no pueda hacerlo ahora?", etc., etc., etc.

Tengo un montón de amigas empresarias, emprendedoras, trabajadoras, guapísimas y... SOLAS. **¿Qué es lo que pasa, entonces?** ¿Será que los hombres tienen un chip machista muy fuerte, que les impide aceptar que podemos ser exitosas y algunas veces más que ellos? ¿Será que les sale más a cuenta el sometimiento medieval, la sumisión del siglo pasado o la sonrisita dispuesta para alardear sus éxitos, sin chistar jamás?

Yo creo que, si el mundo cambió y hoy en día podemos decir que hay mujeres en altos cargos, presidentas de países, amas de casa (fantásticas y demás, muchas de ellas son mamás), es porque algo muy importante está pasando **dentro de nosotras**. Entonces, **¿pará que preguntarnos si ellos TIENEN MIEDO O NO?** Eso ya no es tu responsabilidad ni tu problema, si tienen miedo que hagan un cursito, que salten en parapente, o que se lean un libro de autoayuda (aunque tengan miedo, háganlo igual, de Susan Sheffers, ¡se lo recomiendo!). Además, **a ellos les gustan los retos** y nada más estimulante que una mujer con un PAR DE TACONES bien puestos.

Sigue centrándote en ti, en tus proyectos, en las cosas que te gusta hacer y en tus sueños. Las mujeres tenemos una capacidad impresionante para hacer muchas cosas al mismo tiempo, entonces APROVÉCHALO, y que el problema del temor machista lo resuelvan solitos. Cuando sabemos quiénes somos y lo que queremos de una pareja no hay quien nos convierta en "eunucas mentales".

En lo que sí debemos poner especial cuidado es en que una cosa es ser independiente y otra muy diferente es convertirnos en hombres. ¡¡¡No, señoritas!!!, no se debe confundir éxito con feminismo hermético. Ser firmes sin perder la dulzura, ser fuertes sin llegar a la violencia, ser competentes sin caer en comparaciones, ser libres sin olvidarnos de que ellos existen, ser suaves sin ser sumisas, ser amantes sin olvidar lo que nos gusta (y ¡saber pedirlo, chicas!).

Hay que dejarse querer, dejarse invitar, dejar que te abran la puerta del auto, que te hagan el desayuno y te lo lleven a la cama, que te regalen rosas, que te digan que eres guapa, que te hagan el amor como se debe y que te traten como una dama... eso no te quita independencia ni te hace vulnerable, eso es ser femenina, dulce, maravillosa y MUJER.

La aventura de tener un "yogurín"...
¡Rejuvenecerás!

Hormonas nuevas, cuerpos de infarto, otro tipo de **"cerebro generacional"**... eso es lo que tienen los tan ansiados **"yogurines"** (así les decimos cariñosamente mis amigas) a los chicos de cinco a diez años menores que tú (ojo que si tienes 20 años puedes ir como mínimo a la cárcel, así que ni lo intentes hasta que cumplas 30 ¿ok?)

¿Cuántas de ustedes han pensado en que las arrugas van apareciendo? ¿Cuánto dinero se han gastado en potingues varios para evitarlo? ¡¡¡ OLVÍDENSE DE ESO!!! Estos niños tienen colágeno en las feromonas en proporciones exorbitantes, capaces de evitar cualquier tipo de cirugía plástica en el futuro y sino pregúntenle al ex marido de Demi Moore o al de Madonna, por citar casos conocidos. "Ya no son solo las famosas quienes presumen de *affaires* con jovencitos. Salir con hombres más jóvenes es cada vez más habitual, y no parece una moda pasajera.

Los "yogurines" seguramente no han pasado por un trauma de un divorcio, ¡así que tranquila! No vivirás a la sombra de su ex mujer y tampoco suelen tener hijos con los que tengas que congraciar para ser aceptada. Volverás a la adolescencia, saltarás en una pata, segura de que ese hombre espera locamente ver qué más puedes enseñarle de la vida... y te aseguro que tú también aprenderás muchísimo.

Si sales con ellos y no te pueden invitar todo el tiempo, porque seguramente son estudiantes todavía, ¡qué importa! (¿tú no te la das de independiente?), aprovecha la experiencia de lo que es pagar a medias con un tipo, que las que vivimos en Europa estamos acostumbradas a hacerlo y con los de nuestra edad. Esos niños maravillosos nunca están cansados, nos les duele la espalda ni sufren achaques, y casi ninguno sufre de disfunción eréctil ni de ¡pérdida de ganas! al contrario...

Tengo amigas que reclaman en sus conversaciones conmigo que algunos hombres de nuestra edad o mayores que nosotras **(y ojo que no digo que sean todos)** viven pendientes de la apariencia, el dinero, el éxito, el trabajo y un montón de contratiempos de la vida misma, y esto causa efectos negativos en las relaciones con ellas. No hay tiempo útil para satisfacer las necesidades emocionales de las mujeres de hoy, así que muchos se llevan a la cama tantas preocupaciones, que no disfrutan realmente los momentos íntimos con sus parejas.

Conozco casos maravillosos de amigas que han dejado **atrás los prejuicios** de la edad y se lanzan en la aventura de conocer lo que es tener una relación con un hombre menor que ellas, **sin convertirlos en su bebé querido** (ya sabes lo que pasa cuando te conviertes en la mamá de tu pareja), porque muchos de estos niños pueden sorprendernos por su madurez, su capacidad de amar y de escuchar. Tengo amigas que han aprendido mucho de relaciones como estas y salen sorprendidas de los beneficios. Muchas se han casado con su pareja menor y son muy felices, otras simplemente lo han vivido como algo pasajero que, sin duda, ha dejado una huella de amor propio que les permite abrirse a un nuevo amor, sin tantas telarañas mentales. Son unos elevadores absolutos de la **autoestima femenina**, por eso les aconsejo que, si aún no se les ha pasado por la cabeza un dulce encuentro como este, no se lo piensen mucho si les surge la oportunidad.

"**El que se acuesta con muchachos amanece emparamao**", versa un dicho venezolano que lo que dice es más o menos que "la que tenga algo con un tipo menor que ella se jode la vida". ¡Qué machismo! También me encontré con un artículo de un periódico chileno sobre un estudio realizado en Alemania por el **Instituto Demográfico del Centro Max Planck que asegura que** "Tener una pareja más joven beneficia más a hombres que a mujeres".

En mi experiencia personal con un hombre más joven (es contigo, bebé mío), solo les puedo decir que llenó mi vida de belleza, detalles, honestidad, libertad y riesgo (del sano), **¡y esas sensaciones suben las endorfinas!**, eliminan los prejuicios, elevan tu autoestima y te llenas de vida y de ganas de amar. Hoy en día, muchos años después, seguimos siendo grandes amigos y es uno de mis más importantes apoyos en todo momento (siempre estaré agradecida de tu paso por mi vida).

Así que, queridas amigas, ¡las invito a vivir esta experiencia 100% recomendable!

¿¿¿Obsesionada por el tan, tan, ta-tannnn???

Ya tengo el vestido blanco, las flores, el *bouquet*, la música, el salón, el papeleo, los niños del cortejo...¡¡¡**SOLO ME FALTA EL NOVIO!!!** ¿Cuántas de ustedes no han soñado con el día de la boda con lujo de detalles?, ¿quién no ha jugado a "El matrimonio" cuando eran niñas e incluso ahora?

El llamado "DÍA MÁS FELIZ DE TU VIDA" **(como si las que no llegan a concretarlo no tuvieran derecho a tener ninguno)** es la obsesión de la gran mayoría de las mujeres que conozco desde que eran niñas. Soñamos con el día en que nos lleven al altar vestidas de blanco impoluto (sí, claaaro... seguuuro... muy puras) y decir el "SÍ, QUIERO" como meta final y única de nuestra vida. ¿A que todas cantamos el "ARROZ CON LECHE, ME QUIERO CASAR"? Eso es programación neurolingüística pura y dura.

¿No se han puesto a pesar en que todos los finales felices de las comedias románticas del cine terminan en matrimonio? El capítulo final de las telenovelas termina siempre con la gran boda en la que la sufrida protagonista ¡por fin! logra casarse con el galán de la trama. La mayoría de los cuentos de hadas terminan en boda con la locución en *off* que versa: "Y FUERON FELICES PARA SIEMPRE" (sí, claaaro... seguuuro...). CARAMBA, con esta información guardada en el chip inconsciente durante tantos años, no es raro que cuando comienza a "pasarse" la edad "casadera" nos desesperemos por conseguir el SÍ QUIERO a toda costa.

Me divierte mucho cuando preparo una tarta rica o una buena comida para mis amigos y escucho la siguiente frasecita: "¡YA TE PUEDES CASAR!", como si para llegar al altar tuviéramos que graduarnos de chef o algo parecido. ¡Y las leyendas urbanas como la de mi hermanita (a ella le funcionó) que me manda a robar ovejas de los pesebres porque "¡el año que viene te casas!" (la de ovejas coleccionadas que tengo…)! O la de besar al primer soltero al sonar las campanadas el día de fin de año (momento en el cual normalmente el único hombre que tenía era a mi papá). O cuando alguien está barriendo y las mujeres huyen mientras gritan: "¡NO ME BARRAS LOS PIES QUE NO ME CASO!". Pero la mejor, y mi preferida, es la que **agarrar el *bouquet* de la novia**. Cuando llaman a las solteras, yo voy eyectada al baño, no vaya a ser que una loca me mate por agarrar el RAMITO pavoso ese (niñas, es un ramo flores… no es un vibrador deluxe).

No es de extrañar que tanta gente meta la pata hasta el fondo cuando se "lanza al agua" con el primero que le pide la mano, con apenas conocerse… o con el único que se lo ha propuesto cuando casi se le está "pasando el arroz". Para mí, **"lanzarse al agua" en esas condiciones es como saltar de un barco en llamas e ir directamente al naufragio.**

Recuerdo que un gran amigo mío, un día antes de su primer matrimonio, me dijo estas palabras: "Me siento en un trampolín, listo para saltar… y mi novia y su familia me están empujando por detrás". Terminaron divorciados al poco tiempo.

Con respecto a los hombres y el matrimonio, las mujeres que se quejan de que su pareja no quiere dar el paso, piénsenlo bien: cuando un hombre se quiere casar, se casa y PUNTO (no se engañen ni presionen porque salen corriendo como la novia de *Novia en fuga*).

Nadie dice que no tengamos la ilusión de casarnos, lo que es importante es que no se convierta en la **ÚNICA META** de tu vida. Hay miles de cosas importantes que hay que hacer por ti y para ti antes de que llegue la persona que viene a acompañarte en tu interesante camino. ¿No te parece?

¿Somos o no somos? He ahí mi dilema

Hace unas semanas, conversaba con un amigo que llevaba unos meses saliendo con una chica en plan bastante serio. Tienen una relación "tú en tu casa y yo en la mía". Un día ella le dijo: **"Si la gente me pregunta que somos, ¿qué les respondo?"**. Mi amigo, con los ojos desorbitados, cayó ¡¡¡PLOP!!!, como condorito. Lamento informarles que no es el único que se queja de esto, conozco un montón de casos de amigos que huyen tras esta pregunta. Una vez uno me dijo que hacer esa pregunta era una mala intención de crear un compromiso donde todavía no lo hay.

Este tipo de pregunta, ¿QUÉ SOMOS?, formulada bajo condiciones de "comenzando a salir", tiene una variopinta variedad de posibles respuestas: **"Pues diles que somos novios, si te hace feliz"** (OK, quedó claro que muy feliz no está); **"Somos lo que estamos siendo, mi amor"** (ajá, quedó clarito); **"¿Qué es lo que quieres que seamos?"** (el viejo truco de devolver la pregunta); **"A qué te refieres con «¿qué somos?»?"** (para ver si dándole más pistas se entera); **"Dile a tu mamá que somos novios para que se quede tranquila"** (como si la que estuviera estresada fuera tu madre)... O esta: **"Voy a comprar tabaco... ya vengo"** (sonido de grillos de fondo, cricricrí).

¿Por qué las mujeres nos empeñamos en ponerle nombre a todo? ¿Para qué necesitamos bautizar la relación con una palabra? ¿Será inseguridad por parte nuestra el hecho de querer colgarle un cartel a la relación y por eso nos adelantamos al ritmo natural de las cosas?

Cuando yo tenía 15 añitos (hace diez años, pues, jajaja), me pedían "el empate" y se escuchaban cosas como "¿quieres ser mi novia?". Y uno podía darse el tupé de responder "Déjame pensarlo". Que una niña de 15 pregunte "¿qué somos?" a un niño que le da piquitos es hasta natural. Pero que una mujer hecha y derecha, a los treinta y largos, pregunte "¿qué somos?" a un hombre con el que se acuesta regularmente y con quien tiene una relación monógama... pues, no lo sé.

Si se supone que tienes una relación "adulta", es decir, salen juntos, duermen juntos, viajan juntos, pasean juntos, hablan a diario etc., etc., etc., ¿qué se supone que son, pues? Yo no estoy libre de pecado, ¡para nada!, he pecado de angustia previa al "es mi novia" y, por experiencia les digo, **LA PRESIÓN ASUSTA**. Se supone que si las cosas van fluyendo de manera natural, y le metemos caña al tipo con la fulana preguntica necia esa, las cosas cambian. "Llamar", no será porque le provoca, llamará porque "los novios llaman"; si "te invita a cenar" no lo hará porque le guste mucho... lo hará "porque los novios invitan a cenar", y les aseguro que una relación se puede quebrantar por la imposición y la obligación.

Una compañera del trabajo me contaba que una vez hizo la pregunta del millón con un chico con el que comenzaba a salir, a lo que él dijo **"Si tú estás bien y yo estoy bien... ¿para qué quieres que le pongamos una palabra?"**. Otra habría salido corriendo a llorar por las esquinas, ella en cambio dejó las cosas fluir, y fue la mejor relación que ha tenido en su vida. Al final, la palabra "pareja" llegó sola y sin presiones.

Una buena amiga aguantó calladita varios meses de relación con su "no sabemos qué es" y un día muy contenta me dijo: "¡¡¡ME PRESENTÓ COMO SU NOVIA, POR FIN!!!" Están felices, y el "somos novios" llegó en el tiempo justo y solito. Entonces, ¿para qué acelerar las cosas, si lo que tiene que ser será?

Puede que muchas de nosotras, por muchos motivos, necesitemos una garantía a través de una palabra. Para sentir que es algo serio, que es una relación que va para algún lado, que es un compromiso... pero lo siento, chicas, una palabra que defina una relación no garantiza nada. Lo garantiza la sinceridad y de los sentimientos que solo fluyen con el "irse conociendo". Dejen que las cosas fluyan de manera natural... les aseguro que el "somos novios" llegará solito.

¡¡¡Bestia!!! ¡Qué bella soy!

"Mi amor lo cambiará". Esta es una frase que no solamente he escuchado mucho; lamentablemente, ha salido por mi boca más de una vez.

"Tiene su carácter, pero no es tan malo, ya verás cómo cambia", "No soporto su mal humor debería ser un poco más agradable", "Me ocupo de todas sus cosas y es incapaz de hacer algo por mí", "Estoy ayudándolo a buscar un nuevo trabajo, el pobrecito necesita un cambio", "No me gusta como se está vistiendo...le compraré algunas cosas para mejorar su imagen", "Él no era así de agresivo... pero eso es porque su infancia fue muy difícil"... por ilógicas que les parezcan estas expresiones, las he escuchado.

Como no nos es suficiente hacer de princesitas dedicadas y devotas, muchas veces nos trasformamos en **"hadas madrinas"**, pero no solamente para hacer realidad los deseos de nuestros hombres... es para convertir ese sapo en príncipe azul, porque los besos ya no son suficientes. Así que nos ponemos el sombrerito en forma de cono y sacamos la varita mágica, que solo espolvorea "PURO AMOR" y que es suficiente para modificar sus "defectos", que casualmente nos parecían "virtudes" cuando lo conocimos. Es que si pudiéramos adelgazar tanto como para entrar en una botella y salir eyectadas envueltas en humo rosado como "mi bella genio", lo haríamos.

¿Por qué nuestro empeño en ayudar, colaborar y ser útiles? ¿Por qué pensamos ciegamente que el "amor" puede cambiar a alguien?

Por muchas razones culturales, de crianza y que ciertamente vienen de nuestra infancia, tenemos un chip "servil". Se nos enseña a estar disponibles, dispuestas, siempre sonrientes y para todo el mundo. Por otro lado, está **la negación** de lo evidente, esa casita mental de la que les he hablado antes. Esa negación nos impide ver los defectos de nuestro objeto de amor y pasar de ellos (como si nos importara muy poco). Esa negación nos pone una venda en los ojos del corazón y por lo tanto justificamos cada una de sus "malas acciones" ante todo el mundo. Además, así pretendemos **controlarlo todo** y manipulamos las situaciones a nuestro antojo, tratando de cambiarlo a él y ayudarlo a él en lugar de ocuparnos de nosotras mismas... Muchas veces es la mejor excusa que muchas mujeres tenemos para no mirar hacia adentro.

¿Recuerdan el cuento de LA BELLA Y LA BESTIA? Esta historia muestra la antítesis de los cuentos de hadas, aunque no lo crean. Bella, a pesar del miedo inicial que sentía por el aspecto de la bestia, fue descubriendo en él la belleza interior, que al final de la historia salió de él y lo convirtió en príncipe. Ella no pretendía ni manipular, ni controlar, ni cambiarlo, lo veía tal cual era. Además, Bella era ella misma, no le importaba que la vieran como una mujer inteligente, trabajadora y que estuviera soltera a pesar de su belleza... y mucho menos que se fuera a vivir con ese "monstruo" (a los ojos de todo el pueblo). Le importó muy poco el "qué dirán los vecinos" y aceptó su realidad.

Les regalo uno de mis extractos favoritos del libro de Robin Norwood, *Las mujeres que aman demasiado*, que es ideal para compartir con ustedes:

¡Con los tacones bien puestos!

La aceptación es la antítesis de la negación y el control. Es la voluntad de reconocer cuál es la realidad y dejarla tal como es, sin necesidad de modificarla. En eso radica la felicidad, que surge no de la manipulación de la gente o de las condiciones externas, sino del desarrollo de la paz interior, aún frente a los desafíos y las dificultades.

Y en eso estoy ahora, en ver la realidad que se me presenta tal cual es, sin pretender justificar los actos de nadie. Estoy aprendiendo a vivir desde la libertad de no controlar las situaciones y, sobre todo, estoy aprendiendo a conocerme más y a enamorarme de mí, sin egolatrías para que el día menos pensado alguien vea la BELLA que llevo dentro.

¡Quién le teme al lobo feroz! ¿Leíste bien? ¡¡Feroz!!

Muchas vamos por el caminito florido brincando (hechas las locas) y cantando "¿Quién le teme al lo-bo feroz?, al lo-bo feroz, al lo-bo feroz... tralalá, tralalá", y se aparece el lobo (y tu mamá te dijo que NO hablaras con extraños), pero como nunca no le hiciste caso, te comió viva.

Sí, esta es la verdadera historia de la Caperucita roja de Charles Perrault, quien hace más de 300 años escribió su cuento con moraleja. Su frase final es esta: "**¡Abuelita, qué dientes más grandes tienes! Son para comerte mejor. Y diciendo estas palabras, el malvado del lobo se arrojó sobre Caperucita y se la comió. Fin**".

El lobo feroz tiene muchas maneras de mostrarse ante nosotras. Unos se aparecen con su cara de lobo, huelen a lobo, tienen grandes orejas de lobo y filosos colmillos de lobo e igualmente nos lanzamos a las fauces del lindo y pobre lobito descarriado porque hay que achucharlo para que nuestro amor LO CAMBIE. (Por supuesto, la esencia es de lobo y eso no cambia).

Existen lobos disfrazados de lindas ovejitas... esos sí que son un peligro y se necesita astucia para poderlos ver. "**Guardaos de los falsos profetas que vienen a vosotros con vestidos de ovejas, pero por dentro son lobos devastadores**", figura en Mateo 7:15-23. Ese tipo de personas son las ovejitas dulces que están disfrutando el verde prado junto a nosotras, brincan de una en una para que nos entre sueño y que, una vez que nos quedamos adormecidas e hipnotizadas, nos comen vivas.

"La verdad, amiga, es que físicamente no me gustaba para nada el tipo. Pero decidí darme la oportunidad, pensando que su fondo sería bueno o más espiritual. No podía seguir dejándome llevar por el físico. Así que después de que el tipo insistió que me quería, que sería diferente y se comportó conmigo como un dios, después de varios meses acepté y me acosté con él... ¡¡¡BÚSCATELO GUAPO Y RICO, QUE CABRONES SON TODOS!!!... Me dejó botada, se comportó luego como un patán inmaduro, me trató mal... ¿Cómo no lo vi antes?, ¿tan desesperada estoy? Yo creía que porque era feo sería buena persona".

Esta conversación con mi amiga me hizo reflexionar con respecto al físico. Creemos que porque alguien no sea "agraciado por fuera" tiene un fondo de lo más bonito... y que si el tipo está podrido de bueno, resulta que siempre es un patán...No lo creo así. El físico es una vitrina, un estereotipo tonto, porque hay gente guapa por dentro y por fuera, como los habrá feos por dentro y por fuera. Lo importante es aprender que los lobos son lobos y no cambian, por más lindos que parezcan y que si estás cerca de uno, por más que lo amaestres para que sea estrella de acrobacia del Circo del Sol, igualmente te comerá viva... y lo sabes.

"Ahí viene el lobo"..."Ahí viene el lobo"... "No, vale, que va a venir ningún lobo, si él es maravilloso", "No me deja salir con mis amigas pero no importa, él es maravilloso", "Una vez me gritó «¡estúpida!», pero él es maravilloso", "Me trata con desprecio, es que su infancia fue difícil, él es maravilloso", "La verdad es que a veces me cansa no tener mi espacio, pero no importa, estoy con él y es maravilloso", "Me volví a acostar con él, aunque me haya levantado la mano... es igual, él es maravilloso", "Ahí viene el lobo... tralalá, tralalá...". Si te come, no te quejes. (En España una de cada cuatro mujeres sufre violencia de género, no podemos llegar a estos extremos...).

Nos engañamos, niñas, no ponemos límites, les regalamos la vida, a pesar de que los hechos son tan claros, y a pesar de que sabemos que viene el lobo, no hacemos nada por detenerlo... ¿Es falta de amor propio?, ¿es miedo a que nos dejen? ¿Es costumbre? ¿Es miedo a la soledad?

Les deseo de corazón que sepan ver a tiempo los colmillos del lobo porque salir de sus fauces sin heridas es casi imposible y lo digo por experiencia propia. Solo tú tienes el poder en ti para alejarte de un mal amor cuando debes hacerlo, para poner límites de tu propia vida y no permitir que te disminuya nadie. Solo así podremos ir felices por el bosque cantando "tralalá, tralalá...".

Hay un cyberespacio virtual entre tú y yo

Hace como diez años mantuve una relación **"virtual"** con un perfecto desconocido con cara de pantalla (ni una triste foto) porque no existía ninguno de estos modernos programas que hoy en día abundan en la Red para que la gente conozca a "su media naranja". No recuerdo ni su nombre, estuvimos chateando varios meses, él siempre tenía que "viajar", siempre salía "tarde" del trabajo... total que en toooodo ese tiempo mantuvimos la relación por "Internet".

El desparpajo de las conversaciones, el anonimato y la espera ansiosa de conectarse le agregaban chispa al asunto. A mí ya me venía bien así, yo no estaba en ese momento como para tener un novio en condiciones (de esos que besan y acarician), prefería seguir montándome mi película mental (además no me sentía especialmente bella, ni sexy en esa época, aunque ya había perdido 40 kilos con mucho esfuerzo). Así que después de casi seis meses, tres ramos de flores a la oficina, miles de poemas y tarjeticas virtuales, promesas de amor eterno, llamadas telefónicas eternas y estar segura de que había encontrado a "EL HOMBRE DE MI VIDA", decidimos encontrarnos. Yo cantaba en matrimonios, y después de una de las bodas de un sábado lluvioso, él llegó hasta la iglesia. ¡ERA DE CUENTO DE HADAS la situación! Me llamó al móvil (celular) y me dijo: "Espérame con los ojos cerrados". Llegó por detrás, me abrazó y me dijo: **"En esta iglesia nos**

casaremos", me dio un beso... DIOS...ÉL ERA DIOS". Yo pensaba que me desmayaba y levitaba al mismo tiempo (no sé si era por estar en un sitio santo y con un ejemplar de revista). **No habían pasado cinco minutos** cuando me dijo "**...pero primero te bajas unos kilitos y te dejas crecer el cabello**". Al llegar a casa, lo borré de mis contactos. ¡QUÉ PÉRDIDA DE TIEMPO! Seis meses chateando con un DIOS disfrazado de OSMEL SOUSA (Presidente del Miss Venezuela).

La verdad es que no me quedé tranquila con esa cyberexperiencia, porque sinceramente, cuando tenemos baja la autoestima, necesitamos establecer emocionantes relaciones "frágiles" pero que son "frágiles" solo en apariencia. Un tacaño que era directivo de una gran empresa, unególatra que me juraba que prestaría atención a mis relatos, uno que decía que lo más importante era el corazón...y solo buscaba sexo, un divorciado que en la primera cita me dijo "**todas las mujeres son una mierda**" en ¡MI CARA!... Así conocí muchos hombres y cada vez estaba más claro que, por lo menos para mí, no era la manera adecuada de hacer "nuevas amistades".

Sí, tengo amigas y recuerdo a una en especial, que utilizó Internet exclusivamente para relacionarse sexual y sentimentalmente con los hombres, es que hasta fuimos a una ¡FIESTA DE SOLTEROS! organizada en Barcelona (nada como ir **marcada como una vaca** con un corazón fosforescente en la solapa y cara de "**anda, quiéreme a mí**"). Esta amiga mía tuvo suerte, conoció el amor y se casó con su cybernovio (sí, algunas veces pasa, pero no es el común denominador). No soy quién para condenar, aprobar o juzgar los cyberamores, pero sí creo que hay personas o demasiado tímidas, o demasiado solas, o demasiado desesperadas por amor y sexo que utilizan estas redes y webs para relacionarse. Yo creo que la mejor manera es ir de frente, ver los ojos y las actitudes de la contraparte y no crearse expectativas previas a los encuentros.

En la actualidad se vive con tanto temor **que es preferible crear pocos lazos afectivos con las personas para que, de ser necesario, sea más sencillo salir corriendo.**

Según la Real Academia Española, *virtual* significa "**que tiene existencia aparente y no real**", es decir que se vive en un mundo irreal, fantástico, etéreo, que no existe como tal. Y si yo fuera psicóloga no lo recomendaría a mis pacientes con gran creatividad cerebral.

Yo lo viví, me divertí, experimenté, y me sirvió para perder el miedo al contacto con los otros... pero hoy en día estoy convencida de que prefiero lo real a lo virtual. El que desee vivirlo que lo haga; eso sí, les recomiendo que la primera cita la hagan en un sitio público, lleno de gente y con mucho espacio... para que puedas salir corriendo si lo deseas.

Mi príncipe es azul... ¡Y con baterías!

Este es un tema apasionante que me han solicitado varios lectores en mi blog... Conejito, Flippy, Tiburoncín, Delfin, Gusiluz, Pinkypink, Rabbit, Gustavo Adolfo, jajaja... y muchos nombres más adquieren los compañeros de cama de muchas mujeres que conozco. Todos maravillosos, complacientes, dispuestos, firmes para la guerra y al pie del cañón.

Los llamados "consoladores" (palabra que da la connotación de "consolar" a la pobre mujer sola que no se acuesta con nadie qué triste suena eso de servirle de consuelo a la solterona sin ligue en puerta) ha dejado de tener un puesto TAN despectivo. Estos bien amados juguetes sexuales existen desde hace miles de años (30.000, según leí en Wikipedia) y varios fueros diseñados para combatir la **histeria femenina** en la época victoriana a finales del siglo XIX... (o sea que ya nos enteramos de donde viene la palabra **HISTÉRICA**, jajaja).

Los más conservadores pegan el grito al cielo, tildan de *enfermos* a los que usan estos juguetes, *depravados, desequilibrados mentales, sucios...* bueno, yo respeto las opiniones de los demás, pero hay gustos para todos y el que no quiera probar no está obligado a nada.

Es apasionante pensar cómo hemos evolucionado y que estos temas se plantan sobre la mesa con una naturalidad impresionante: "No, amiga, no voy al cine, estoy con flippy esta noche, mañana te cuento", "feliz cumpleaños, ¿te llegó el regalito??? ¡PALO PA ESA PIÑATA!!!", "No sabes lo bueno que es mi Rabbit, ayer probé la tercera velocidad... no tengo palabras, si pudiera besarlo lo haría". "¿Que queeeeeeee... te cabe todo eso?", "Mira, te lo presento, este es Gusiluz, ¿ves cómo te dije que brillaba en la oscuridad?".

Qué pensarán las mujeres que en los años 50 y 60 hacían sus reuniones de Tupperware para descubrir nuevas maneras de refrigerar los alimentos cuando ven que hoy en día se han creado las reuniones de TupperSEX, en las que, como en tiempos pasados, también se reúnen las mujeres, pero a enterarse del último grito en juguetes sexuales. Vibradores de variopintos colores y formas, bolas chinas, lubricantes, ropa interior que se come, geles para tener más orgasmos, braguitas a control remoto, chocolate para el cuerpo, condones de sabores y un sinfín de productos cada vez más sofisticados y para todos los gustos.

¿Placer o salud? Se ha demostrado científicamente que **los juguetes sexuales mejoran positivamente la salud sexual física y mental** (documéntense o pruébenlo para que vean). Según varios estudios que he leído, la salud emocional y física se ve ciertamente mejorada con el uso de estos aparatos. Ginecólogos, psicólogos, sexólogos los recomiendan para diferentes casos. Hay juguetes específicos para fortalecer el suelo pélvico, para evitar las pérdidas leves de orina, para recuperar la musculatura después del parto, juguetes que permiten el control eyaculatorio, para tonificar la pelvis y lograr mejores orgasmos... ¡SON UNA TERAPIA! Hay psicólogos que dicen que su uso mejora la autoestima y permite el autoconocimiento, lo que tiene como consecuencia el tener relaciones más sanas y satisfactorias.

El otro día me comentaba una amiga que muchas mujeres que están sin pareja y que no salen por ahí en busca de sexo de una noche (hay que tener mucho cuidado porque hay muchas enfermedades y locos sueltos por el mundo), entonces estos juguetes permiten mantenerte sexualmente activa, conocerte mejor y evitar que se te chorreen las medias con el primero que pase.

Me causa mucha gracia ver cómo mis amigos hombres ven con muchísimo susto el que puedan ser comparados con un juguete de estos. ¡No es lo mismo!, son sensaciones diferentes. Así los juguetes tengan tres velocidades, den vueltas en su propio eje sin cansarse (a menos que se le acaben las baterías) tengan bolitas de metal que rotan a la vez y en varias direcciones, estimulen de manera extraordinaria todos los puntos habidos y por haber y tengan un tamaño envidiable... NO DAN BESOS y los besos son importantes, por lo tanto no son un sustituto, son un complemento. Conozco parejas que lo tienen como "un invitado" en sus relaciones y debo decirles que no lo han pasado nada mal.

Así que allí se lo dejo, para que mediten sobre el uso de esos jugueticos... por lo menos lean sobre el tema y VIVAN la experiencia que les toque vivir. Todo vale si es para ser cada vez más sanos y libres en nuestra sexualidad.

¡TIRO AL BLANCO!... USA TU SEXTO SENTIDO

Qué agotador es pasarse los días buscando sin encontrar (peor que los 100 metros planos), poniendo los ojos en quien no convenía (les juro que es solo para aprender, no es que sea miope...) suspirando por quien no suspira por ti (¡y hasta quedar ASMÁTICA!), soñar con los besos del equivocado (normalmente te saben agrio y lo sabes), pidiendo consejos a toda la humanidad (como si tú no tuvieras las respuestas, siempre las tienes).

¡Todos estamos dotados de un **sexto sentido** increíble! (Bueno nosotras más, jeje). Es una cualidad comprobada de las mujeres y nos permite ser muy perceptivas, intuitivas, casi brujas y adivinas... Siempre sabemos con antelación cuando alguna relación no nos conviene, pero no le hacemos caso a las señales de nuestro cuerpo.

Una amiga me decía días pasados que muchas mujeres y hombres **nos enfocamos en los modelos equivocados**, en lo que más odiamos, en lo que más tememos, porque ciertamente muchos lo hemos pasado mal... y ¿para qué? Para aprender a escucharnos la próxima vez. Si hacemos un esfuerzo y ponemos nuestros sentidos en lo que es bueno para nosotros... lo bueno llega. Y si el amor de verdad le ha llegado a un montón de gente que conoces ¿por qué no te va a llegar a ti?

Mi hermana en esto es una estrella de la inteligencia emocional. Una noche me dijo al ver a un guapísimo desconocido pasar frente a nosotras "Yo me voy a casar con él", casi lo decretó. Muchos años después se encontraron y se casó con él, sabía que era él sin duda y, sinceramente, no es porque sea mi cuñado, pero es un modelo de hombre maravilloso. Otra de mis mejores amigas pasó por enamoramientos platónicos, le rompieron el corazón hasta que dijo ¡basta! Se dejó llevar por su sexto sentido, con un hombre que, al parecer no cumplía con las características de los "hombres que le hicieron llorar". Este hombre hizo una táctica y una estrategia, la hizo reír, la llevaba de una punta a la otra de la ciudad si era necesario, la enamoró, llevan años casados en una relación llena de felicidad.

Estos dos casos que les cito, por contar apenas dos de los muchos que conozco (porque si les cuento la historia de mis padres podría estar aquí un rato más), tienen un hecho en común absolutamente aislado. Mi hermana y mi amiga **hicieron una lista**, describieron al hombre de su vida con todos los detalles mucho antes de conocerlos... y no sé si les parecerá mentira, pero sus maridos son exactamente como lo deseaban.

Pareciera que cuando ya has conocido lo que no quieres en tu vida, se te aclara el panorama. Cuando te haces consciente de lo que no te sirve, lo sabes y no recaes. Miras a los demás desde el amor y alejas de tu vida lo que sabes que no va a funcionar (no es necesario seguir sufriendo ¿para qué?).

Yo estoy haciendo un trabajo personal interesante en este sentido. Estoy aprendiendo a escucharme y a dejarme guiar por mis intuiciones. **Lo primero** que hago es preguntarme "¿esto es lo que tú realmente quieres?". **Lo segundo** es ver a mi alrededor modelos de hombres buenos que sí existen. Los mejores ejemplos positivos los tienes a tu alrededor: búscalos, mira cómo se comportan, cómo tratan a su pareja, lo dulces que son, lo considerados y lo orgullosos que están de tener esa mujer al lado. **Lo tercero** es quitarme de la boca "para mí no hay", ¡nada de eso!, en esta vida hay para todos, y el amor está en el aire cuando estás dispuesta a recibirlo. **La cuarta** es prepararme para cuando llegue, velar por mí, hacer lo que me gusta, salir con gente nueva, viajar, cambiar de trabajo o actividad, mudarme de país o ciudad, cambiar de sistema mental hacia tu persona. **La quinta** es no buscar, hay gente que por buscar desde la desesperación mete la pata mil veces, las cosas llegan a unos más temprano y a otros más tarde (¿quién dijo que el amor tiene tiempo definido?), pero llega (conocí en un avión a una señora de 59 años enamorada por primera vez, eso me enseño mucho). **La sexta** es agudizar el sexto sentido, **"escuchar al estómago"**, nunca te equivocarás al hacer caso a la intuición, detenerte y hablarte (aunque parezcas esquizofrénica, jajajaja); nadie como tú para saber lo que quieres y lo que te conviene.

Estoy haciendo mi lista, perfeccionándola sin exagerar, dando oportunidades sin juzgar, hago valioso mi tiempo y no lo pierdo con quien no conviene, abro los ojos hacia una nueva forma de observar y sobre todo no espero nada, no espero a nadie, porque sé que llegará y cuando suceda ustedes serán los primeros en saberlo.

¿Para qué ser reina de belleza?

Llegó a mis manos un artículo que mostraba una encuesta que afirmaba que "el 98% de las mujeres encuestadas no están conformes con su físico". Este tema tiene demasiada tela que cortar. Demasiada porque, en mi caso particular, vengo de un país psicópata con los cánones de belleza, donde las niñas como yo hemos crecido bajo la sombra del 90-60-90. En pocas palabras, para ser BELLA debes ser, según el artículo, como el prototipo de belleza occidental (y apunta): alta, delgada, con tetas perfectas y culito respingón, rubia, con el cabello liso o suavemente ondulado, óvalo perfecto, ojos almendrados y labios voluptuosos... **¡Carajo, con razón los cirujanos plásticos se forran!**

En el País de las Mises (en Venezuela, somos el país que hizo historia por contar con dos Miss Universo consecutivas), hay **maniquíes con TETAS GIGANTES** en las vitrinas de los centros comerciales; hay más productos para adelgazar que en ningún lado y más maniáticas de la peluquería que en casi ningún país que he visitado... ¿entonces? Si a eso le agregas que debes estar siempre sonriente y de buen humor (cuando lo único que tienes en la barriga es lechuga y atún), el resultado es una **distorsión del cerebro con respecto a tu propia belleza y a tu autoestima.**

"Mete la barriga", "Saca el pecho", "Párate derecha", "Eso engorda", "Opérate la nariz", "Hazte las tetas", "Da a luz, pero en un mes vuelve a estar perfecta"... y acompañando a estas hirientes frases agrégale el vocativo **"MI AMOR..."** (hagan la prueba, léanlo con el "mi amor" después de cada frase..., da rabia ¿no?)

Cuando te enfrentas a una cultura diferente (pero no tanto, no se crean) se abren un mundo de posibilidades, comienzas a darte cuenta que al gym la gente va por salud, no para compararse con la de al lado. La gente no vive a dieta, se alimenta bien, que es diferente. **Y que no necesitas estar en 90-60-90 para que un hombre te mire y se fije en ti.**

Yo llegue a pesar 120 kilos, pensaba que lo hacía para ponerme un muro protector contra los hombres hasta que me di cuenta, en mi YOYÓ de vida, que cuando estaba más rellenita, más me veían (y los más guapos)... y no tenía que ver con la báscula, tenía que ver con **LA ACTITUD**. Tengo amigas que no cumplen ninguno de los cánones impuestos por esta sociedad en la que vivimos, y que tienen esposos, parejas y novios excelentes, relaciones normales y sanas llenas de amor y aceptación (porque, si el interés es envejecer con alguien, entiende que algún día todos tendremos arrugas y la piel flácida).

La belleza viene de adentro (cliché típico), pero es una verdad como un templo. La belleza comienza por tu amor hacia tu cuerpo, por el amor a lo que haces, por hacer lo que te gusta en la vida, por aceptar tus imperfecciones (todos las tenemos). Como ejemplo, les cito un caso personal. Yo tenía una fijación con "mi rollito de la barriga". Uno de mis amigos más queridos, en una oportunidad, después de verme desfilar 200 veces cambiándome de ropa, me dijo: "¿Tú crees que con ese par de tetas (naturales, jeje) que tú tienes alguien te va a ver el rollito?". Se lo he agradecido toda mi vida.

¡Con los tacones bien puestos!

No creas que alguien te va a amar más si eres más alta, si eres más flaca, si eres más morena, o si tienes más o menos culo. ¡Hay gustos para todos! Hay hombres inteligentes que sobrepasan esas pendejadas y están con una mujer que para ellos es hermosa. El hombre, cuando se enamora de verdad, no se para por el físico y les garantizo que ven más allá de lo que todo el mundo hace.

Ámate tu primero, consiéntete, quiérete, mírate al espejo y ve lo bella que eres. Si algo que no te gusta cámbialo, pero sin hacerte daño y no permitas que nadie te diga que no estás bien. **Siéntete bella, porque eres única...** entonces, ¿para qué ser una Miss?

Como creativo publicitario, APLAUDO la iniciativa de una marca conocida de cuidados para la piel que están haciendo una labor muy importante desde hace unos años, en la que muestran y honran nuestra belleza en todos nuestros colores, dimensiones y formas.

Un, dos, tres, por mí

"No hay nada mejor escondido que lo que esté a la vista".

Anónimo

1, 2, 3, 4, 5… y así cuentan hasta llegar hasta 100. Tú buscas dónde esconderte. Bajo la cama, detrás de un árbol, en el armario, en los matorrales. La emoción de no ser descubierto te crea cierto "mariposeo" en el estómago. Casi ni te atreves a respirar, sudas frío, el corazón te late a millón y te repites mentalmente "que no me encuentren, que no me encuentren… que no…".

1, 2, 3, 4, 5… y así te cuenta hasta 100 mentiras (que tú te crees). Buscan dónde esconderse juntos. Sobre su cama, en cualquier rincón oscuro de un local, dentro de un coche, en un bar fuera de la ciudad, en los mensajes picantes y ocultos del móvil, en las llamadas a deshoras… pero jamás en un lugar público ni a plena luz. Pasas meses sin poder respirar, el corazón te late a millón, las mariposas en el estómago te causan acidez, e igualmente te repites mentalmente "me da igual, yo voy de guay, eso es SU problema y a mí no me afecta" (Mujum).

Está bien que te cuenten mentiras, pero ¿que te las cuentes tú? Estamos graves...

Muchas veces nos metemos en el juego de las "escondidas" casi sin ser invitados a jugar. Cuando te das cuenta de que estás jugando, ya es tarde. Nunca te van a decir que tienen pareja (ojito que si nunca puede verte los fines de semana algo pasa), jamás te presentan a nadie, nunca te besan ni te citan en un lugar público por miedo a ser "descubiertos". Y lo más divertido de SU juego es que terminas escondiéndote tú y **tú no tienes nada que esconder.**

Tengo amigas, muy cercanas, que no son capaces de ver las señales que se les presentan claramente por miedo a la soledad, por conformismo o por hacerse las "modernas". Aceptan el *backstage*, el detrás de cámaras, el trastero, el maletero del coche emocional del tipo con el que "creen" que salen. Lo más interesante es que te juran que están claras, sobre todo cuando descubren que su nueva conquista está comprometido hasta la muerte o hasta que se canse de la "legal".

Otras saben exactamente a lo que van, lo sabían desde el principio, aceptaron las mentiras y corrieron a esconderse junto a él porque la adrenalina de lo "oculto" es muy sabrosa, pero todo tiene un límite.

¿Para qué se acepta una relación en la oscuridad? Para mí (que no soy una erudita, ni mucho menos) una de las razones es la falta de amor propio o la creencia incrustada en el cerebro de "no soy suficiente para tener una relación de verdad" y por lo tanto se acepta el "mientras tanto", "el poquitico", y ser "el chupito de la comida". Otra podría ser por comodidad, por no saber lo que se quiere en realidad o por vivir el momento. Somos grandes actrices, no somos claras con la persona con la que jugamos ni con nosotras mismas. Nos ponemos la careta de "lo tengo bajo control" cuando sabemos que, en lo más profundo de nuestro ser, queremos lo que merecemos: respeto, sinceridad y amor.

Cuando estamos inmersas en este tipo de juego emocional (ojo que no estoy libre de pecado y ya me he llevado mis pedradas) al parecer no queremos darnos cuenta de que las consecuencias pueden ser que nunca salgas del escondite, que te pases los años en la contraportada de la historia y que te quedes, sin querer o queriendo, en la oscuridad. Imagina por un momento que tienes 5 años y te quedas atrapada en un baúl... ¿qué haces?, ¿pides ayuda?, ¿gritas?, ¿golpeas hasta que logras salir de ahí? No me vengan con historias, a nadie le gusta estar encerrado en un hueco sin salida, y la salida solo está en nuestras manos.

Muchas veces la dinámica de "el escondite" es divertida y emocionante y muy cómoda para muchos. Eres libre de vivir la experiencia. Eso sí, si te quedas atrapada en el baúl, y gritas, y nadie viene en tu auxilio no culpes al otro. Ya no tienes 5 años. Cuando crecemos y aceptamos este tipo de juegos, tenemos que ser adultos. Si nos pasamos la vida culpando al otro y no asumimos nuestra parte de responsabilidad, nunca saldremos a la luz. Nadie te mandó a meterte en el matorral... que seguramente tenía sus espinas.

Hace poco viví una experiencia así, acepté jugar, acepté divertirme, acepté esconderme sin necesidad. No les voy a negar que fue divertido, que aprendí mucho... pero los juegos de tanto jugarlos cansan. Advertí, grité como niña de 5 años que dejáramos de jugar... y cuando me di cuenta de que me faltaba hasta el aire, decidí abrir el baúl sin su permiso, correr muy lejos y gritarme a mí misma ¡¡¡1, 2, 3 POR MÍ!!!

ÍNDICE

Gracias — 7

Prólogo — 9

Por mis tacones — 13

¡¡¡Quiéreme tal como soy!!! — 15

¿Tus migajas? ¡Ni que yo fuera Gretel! — 19

Agarra la sartén por el mango y ¡espabila, mijita! — 23

¡Qué ovarios tengo! — 27

La dama sin vagabundo — 31

El arte de ¡desaparecer! — 35

SÍ… pero NO: la ambigüedad masculina también existe — 39

¡Encantada de conocerme! — 43

Soltera sí… Desesperada nunca — 47

¡Estás enamorado de mí! Pero aún no lo sabes...	51
¡Pon un Ken en tu vida!	55
Tan dulce que empalago	59
Mujeres ¡superpoderosas! ¿Heroínas?	63
Curso para besar... ¡sapos!	67
¿San Valentín o San Antonio? (dependerá de tu estado civil)	71
¿Tu pañito de lágrimas? ¡No gracias, tu amiga no!	75
Para des-vestir santos... ¡hay que bajarlos del pedestal!	79
¡Todo me huele a ti!... ¿¿¿Serán las feromonas???	83
¿Qué tiene ella que no tenga yo?	87
¡Los zapatitos me aprietan!	91
No vuelvo al país de Nunca Jamás, ni que me echen un ¡polvo mágico!	95
¿Alérgica al "nosotros"?... ¿¿Yo??	99
¿La media naranja? ¿Soy la mitad de alguien? ¡¡Noooooo!!	101
La barajita "repetida"	105
¿Amigos sexuales? Abróchate el cinturón	107

El lunes empiezo... Qué lunes, ¿el que odias?	111
Si los ciclos son circulares... ¿cuándo se cierran?	115
Des-enamorarte: ¡tu montaña rusa emocional!	119
¿Vieja yo?... ¡Y a mucha honra!	123
¡Es un ave! ¡Es un avión! Es... ¿Superman?... ¡No, es un buen hombre!	127
Soy ¡independiente!... ¿Por qué huyes, cobarde?	131
La aventura de tener un "yogurín"... ¡rejuvenecerás!	135
¿¿¿Obsesionada por el tan, tan, ta-tannnn???	139
¿Somos o no somos? He ahí mi dilema	143
¡¡¡Bestia!!! ¡Qué bella soy!	147
¡Quién le teme al lobo feroz! ¿Leíste bien? ¡¡Feroz!!	151
Hay un cyberespacio virtual entre tú y yo	155
Mi príncipe es azul... ¡Y con baterías!	159
¡Tiro al blanco!... Usa tu sexto sentido	163
¿Para qué ser reina de belleza?	167
Un, dos, tres, por mí	171

Editorial LibrosEnRed

LibrosEnRed es la Editorial Digital más completa en idioma español. Desde junio de 2000 trabajamos en la edición y venta de libros digitales e impresos bajo demanda.

Nuestra misión es facilitar a todos los autores la edición de sus obras y ofrecer a los lectores acceso rápido y económico a libros de todo tipo.

Editamos novelas, cuentos, poesías, tesis, investigaciones, manuales, monografías y toda variedad de contenidos. Brindamos la posibilidad de comercializar las obras desde Internet para millones de potenciales lectores. De este modo, intentamos fortalecer la difusión de los autores que escriben en español.

Ingrese a www.librosenred.com y conozca nuestro catálogo, compuesto por cientos de títulos clásicos y de autores contemporáneos.

www.ingramcontent.com/pod-product-compliance
Lightning Source LLC
Chambersburg PA
CBHW021843220426
43663CB00005B/382